ROLAND GÖÖCK

Schnell gekocht in kleiner Küche

Roland Gööck

SCHNELL GEKOCHT IN KLEINER KÜCHE

BASTEI LÜBBE

Lizenzausgabe: Gustav Lübbe Verlag GmbH,
Bergisch Gladbach
Printed in Western Germany 1977
Einbandgestaltung: Studio Schob
Titelfoto: Teubner
Bildtafeln: Gruner + Jahr
Illustration: Roland Winkler
Gesamtherstellung: Ebner, Ulm
ISBN 3-404-00572-4

Der Preis dieses Bandes versteht sich einschließlich
der gesetzlichen Mehrwertsteuer.

Inhalt

Mit Tempo kochen – in Ruhe genießen

Seitdem Adam und Eva wegen ihres Appetits auf Apfelfrischkost aus dem Paradies vertrieben und dazu verdammt wurden, ihr Brot im Schweiße ihres Angesichts zu essen, seit der Schließung des paradiesischen Selbstbedienungsbüfetts also, hat es nicht an Versuchen gefehlt, die tägliche Nahrungsversorgung arbeitstechnisch zu vereinfachen. Sehr weit sind wir auf diesem Gebiet seit Adams Zeiten allerdings nicht gekommen. Meist blieb es bei der märchenhaft verbrämten Sehnsucht nach mühelosem Kochen und Essen. Nur im Märchen war es vordem in Köln bei den Heinzelmännchen so bequem, die die ganze Hausarbeit übernahmen. Auch das Schlaraffenland, in dem vier Rosse das Korn droschen, zwei Ziegen den Ofen heizten und eine rote Kuh das Brot in dem Ofen schoß, gibt es nur im Märchenbuch, ganz zu schweigen von jenem vollautomatischen Breikochtopf, der auf Kommando Nahrung produzierte, ohne daß es eines Nachfüllens bedurfte, und von dem die Brüder Grimm berichten: »Im Wald aber begegnete dem Kind eine alte Frau, die schenkte ihm ein Töpfchen, zu dem sollt' es sagen ›Töpfchen, koche‹, so kochte es guten süßen Hirsebrei, und wenn es sagte ›Töpfchen, steh'‹, so hörte es wieder auf zu kochen.« Immerhin kennen wir heute die Automatikkochplatte und das Tiefkühlmenü, den Fünf-Minuten-Kartoffelbrei und die Küchenmaschine. Aber ohne Arbeit geht es dabei nicht ab, vor allem nicht ohne zeitraubende Arbeit. Mit »Töpfchen, koche« ist es nicht getan.

Im normalen Haushalt pflegt man einen wesentlichen Teil der täglichen Hausarbeitszeit für das Kochen einzuplanen, einen nicht viel geringeren für das Einkaufen, den Abwasch, das Aufräumen und Putzen. Unter einem »normalen Haushalt« verstehen sehr viele Möbelfabrikanten und Kühlschrankhersteller, Fertiggerichteproduzenten und Kochbuchautoren den Vierpersonenhaushalt. Ihm gelten die meisten Planungen und Überlegungen. Dabei bestehen aber nur 33 Prozent aller bundesdeutschen Haushalte aus vier oder mehr Personen. Ihnen

gegenüber sind die Ein- und Zweipersonenhaushalte weit in der Überzahl mit 43 Prozent – das ergab eine Repräsentativumfrage des IFAK-Instituts.
In diesen Kleinhaushalten, die so stiefmütterlich behandelt werden, sind Zeit und Raum knapp. Sie werden geführt von männlichen oder weiblichen Junggesellen, die im Beruf stehen, oder von Ehepaaren, die ebenfalls überwiegend berufstätig sind. Bei ihnen ist Zeit Geld. Was am Morgen zum Frühstück, in der knappen Mittagspause oder abends nach Arbeitsschluß auf den Tisch kommen soll, darf keine lange Zubereitungszeit beanspruchen. Je schneller es geht, desto besser. Und weil kleine Haushalte meist nur über kleine Wohnungen verfügen, muß sich auch der Raumaufwand für das Kochen und Essen und das ganze Drum und Dran in Grenzen halten. Je raumsparender, desto besser.
Auf diese Voraussetzungen nimmt unser Buch Rücksicht. Es schlägt nur Rezepte vor, die in höchstens einer Stunde verwirklicht werden können – auch bei Menüs, die aus mehreren Gerichten oder Gängen zusammengesetzt sind. Der Schwerpunkt liegt bei Zehn- und Zwanzig-Minuten-Speisen. Moderne Halbfertig- und Fertigprodukte wurden weitgehend berücksichtigt. Die Rezepte sind für zwei Pesonen berechnet. Die Mengenangaben können halbiert oder verdoppelt werden, wenn nur eine Portion gekocht werden soll oder Gäste erwartet werden. Der Zeitaufwand muß sich deshalb nicht auch halbieren oder verdoppeln – es kommt ganz auf die Speise an.
Für größere Familien ist die Schnellküche nicht die richtige Arbeitsgrundlage. Wer genug Zeit hat, in aller Ruhe zu kochen, sollte sich auch an die traditionellen Kocharten halten. Denn eins darf nicht verheimlicht werden: Die schnelle Küche ist teurer als die Normalküche. Sie lohnt sich nur, wenn Zeitverschwendung Geldverschwendung bedeuten würde. In diesem Fall ist die Schnellküche sogar preiswerter als die normale Küche.
Wer beim Kochen Zeit spart, sollte sich den Zeitgewinn beim Essen zunutze machen. Schnelles Kochen ist für den Körper ungefährlich, wenn ihm abwechslungsreiche, ausgewogene, vita-

minreiche Kost geboten wird. Schnelles, hastiges Essen aber ist in jedem Fall vom Übel. »Essen Sie mäßig, aber regelmäßig«, lautet ein Leitsatz der Ernährungswissenschaft. »Nehmen Sie die Mahlzeiten in Ruhe ein. Bereiten Sie die Speisen schmackhaft und schonend zu. Richten Sie die Mahlzeiten appetitlich an, decken Sie den Tisch recht hübsch, damit das Auge Freude hat. Auch das gehört zu einer richtigen Ernährung, ebenso wie eine heitere Stimmung beim Essen.«

Dem wäre nur noch hinzuzufügen, daß dieses Buch allen weiblichen und männlichen Köchen gewidmet ist, die wenig Zeit haben, aber trotzdem gern kochen und gepflegt essen wollen.

Rund um die Feuerstelle

Bei unseren germanischen Vorfahren war der Herd nicht nur die Koch- und Bratstelle für Hirsebrei, Rübenmus und Bärenschinken, sondern er galt als Mittelpunkt des Hauses und stand im Rang einer heiligen Opferstätte, eines Altars. Noch im Mittelalter führte man die neue Magd oder die junge Ehefrau beim ersten Betreten des Hauses dreimal um die Feuerstelle, und die germanischen Jungfrauen blickten in der Neujahrsnacht erwartungsvoll in das flackernde Herdfeuer, denn es ging die Sage, daß sich ihnen dort das Bild des Zukünftigen offenbaren werde.

Eigener Herd ist Goldes wert – dieser Spruch steht zwar in modernen Küchen nicht mehr auf dem Überhandtuch oder einer brandmusterverzierten Tafel, aber er hat seine Bedeutung nicht verloren. Wer eine kleine Wohnung oder auch nur ein Zimmer sein eigen nennt, möchte auch selbst kochen können. So ist der Herd heute zwar nicht mehr das Symbol der Unverletzlichkeit der Heimstätte, aber er gilt doch als ein Zeichen der Selbständigkeit und des eigenen Hausstandes, getreu dem Motto: Klein, aber mein.

Raum ist in der kleinsten Küche

Für den kleinen Haushalt gibt es verschiedene Möglichkeiten, sich die »Feuerstelle« einzurichten. In jedem Fall geht man bei der Küchenplanung aus von Raumverhältnissen, finanziellen Möglichkeiten und Frequenz der Küche oder Kochstelle. Anders ausgedrückt: Küchengröße und Anlage der Einrichtung sollen sich dem Bedarf anpassen. Wer nur gelegentlich ein Schnitzel braten oder einen Salat mischen will, braucht keine komplette Küche, er kommt mit einem kleinen Elektrokocher und einem Vorrats- oder Kühlschrank aus. Auch die Kleinstküche sollte jedoch so beschaffen sein, daß sie Erweiterungen zuläßt, damit man bei einer Heirat oder bei Familienzuwachs nicht das ganze Einrichtungssystem zu wechseln braucht. Die modernen Anbauküchen lassen diese Möglichkeit ausdrücklich offen, vorausgesetzt, man wählt ein System, das nicht nach drei Jahren

schon wieder von der Produktionsliste gestrichen oder in wesentlichen Teilen verändert angeboten wird.
Urzelle jeder, auch der kleinen Küche sollte das Dreigespann Spüle, Arbeits- und Abstellfläche, Herd sein, und zwar von links nach rechts in dieser Reihenfolge, gleichgültig, an welcher Wand des Zimmers dafür Platz ist. Dieses Schema entspricht der »Griffolge« bei den meisten Küchenarbeiten. Wie man die übrigen Möbel und Einrichtungsstücke anordnet, hängt vom Zuschnitt des Raumes ab. Am besten richtet man sich so ein, daß die Wege kurz bleiben, daß der Inhalt von Schränken und Regalen ohne Verrenkungen zu erreichen ist und daß die am häufigsten gebrauchten Zutaten und Geräte in bequemer Griffhöhe liegen oder stehen. Wesentlich ist die ausreichende Beleuchtung des Küchenraumes, nicht weniger wichtig eine ausreichende Anzahl von Steckdosen für Kraft- und Normalstrom. Noch ein paar Tips: Den Kühlschrank nicht neben Herd oder Heizung stellen, über Spüle oder Herd keine Hängeschränke anbringen, eine herausziehbare Arbeitsfläche für Tätigkeiten im Sitzen nicht vergessen und für Fußboden und Wände sorgen, die unempfindlich gegen Fettspritzer und leicht zu reinigen sind.

Die Schrankküche. Wenn kein abgetrennter Küchenraum vorhanden ist und man sich nicht mit einem einfachen Elektro- oder Gaskocher begnügen will, der auf einem Schränkchen oder Tisch seinen Platz findet, ist die Schrankküche eine ideale, wenn auch nicht gerade billige Lösung. Hinter den Flügeltüren eines Schrankes, der äußerlich den Eindruck eines Kleider- oder Wohnzimmerschrankes macht, findet sich in raffinierter Platzverteilung und Raumausnutzung alles, was zu einer kompletten Kleinküche gehört: Kochplatten, Kühlschrank, Heißwasserbereiter, Edelstahlspüle, eingebaute Küchenmaschine, Raum für Geschirr, Töpfe, Pfannen und Besteck, für Vorräte und Putzmittel, für Küchentücher und Abfalleimer. Es gibt verschiedene Modelle für alle möglichen Ansprüche. Vorteile der Schrankküche: Sie enthält auf engstem Raum alles, was der Ein- und auch Zweipersonenhaushalt an

Küchenkomfort braucht, und läßt sich in einem durchschnittlich großen Zimmer aufstellen, ohne daß man von dieser Kücheneinrichtung etwas merkt. Nachteile: Die Schrankküche ist nicht erweiterungsfähig. Bei steigendem Arbeitsumfang reicht ihre Kapazität oft nicht mehr aus. Deshalb eignet sie sich vor allem für einen auf lange Sicht geplanten Kleinhaushalt. Nicht gut gelöst ist außerdem bei der Schrankküche das Problem des Wrasenabzugs. Koch- und Bratdünste steigen im Schrankinnern auf und lassen sich nur schlecht ableiten.

Die Kochnische. In Appartements oder Kleinwohnungen, auch in zahlreichen kleineren Wohnungen des sozialen Wohnungsbaus der Anfangsjahre, gibt es keinen abgeschlossenen Küchenraum, sondern nur eine mit dem Wohnraum verbundene Kochnische, die manchmal auch durch einen Vorhang vom Hauptraum getrennt ist. Wer die Wahl hat, sollte sich nur dann für eine Kochnische entscheiden, wenn eine eigene, ausreichende Be- und Entlüftung vorhanden ist – am besten durch ein Fenster, notfalls auch durch einen Luft- oder Abzugsschacht, zumindest durch einen Ventilator. Gibt es keine Lüftungsvorrichtung, setzt sich der Küchenduft im Lauf der Zeit in die Möbel und Vorhänge des Hauptraumes und läßt sich beim besten Willen nicht mehr vertreiben. Dazu ist es nicht einmal notwendig, daß man regelmäßig Fisch oder Kohl kocht. Auch bei einer belüfteten Kochnische schützt der Vorhang nur bedingt vor Duftüberflutung. Man muß sie bei dieser Art von Kleinküche in Kauf nehmen.
Die Kochnischenmaße zwingen in der Regel zum Einbau einer einzeiligen Küche, bei der alle Anbauteile, Herd und Kühlschrank in einer Reihe nebeneinander stehen, und zwar in der oben beschriebenen Griffolge Spüle–Arbeitsfläche–Herd. Wer sich nicht die komplette Einrichtung auf einmal kaufen will, geht nach dem Baukastensystem vor, beginnt also mit Spüle (darunter eingebaut Schrank für Töpfe und Pfannen, für den Abfalleimer oder für Putzzubehör), Schränkchen für Vorräte und Geschirr mit Arbeitsfläche und Herd. Dazu käme bei nächster Gelegenheit ein Hängeschrank für Geschirr und Glä-

ser, ein Regal mit herausziehbarer Arbeitsfläche und Schublade für Bestecke und Kleingerät und ein Kühlschrank. Der weitere Verlauf des Küchenausbaus richtet sich nach vorhandenem Raum und küchentechnischem Bedarf. Werden beispielsweise Geräte und Maschinen angeschafft (Handrührer, Fleischwolf, Brotröster, Grill usw.), muß auch für Platz zu ihrer Unterbringung gesorgt werden.

Die Kleinküche. Glücklich, wer über eine abgeschlossene Küche verfügt, und sei sie noch so klein. Die »offene« Küche in Form der Kochnische oder der türlos mit Eßecke und Wohnzimmer verbundenen Kleinküche hat zwar den Vorteil, daß die Hausfrau neben der Kocharbeit hin und wieder auch einen Blick auf das spielende Kind oder den sich im Lehnstuhl ausruhenden Mann werfen kann, aber ob diese von Facharchitekten gespriesene Errungenschaft alle damit verbundenen Nachteile aufwiegt, ist zumindest strittig. Die Hausfrau bevorzugt nun einmal ihr eigenes Reich und ist froh, wenn sie nach getaner Arbeit nichts mehr von der Küche sieht, hört und riecht. Zu diesem Zweck ist eine Küche mit Tür immer noch am praktischsten. Zu welcher Einrichtungsform man sich entschließt, hängt von der Raumgröße, vor allem auch von der Lage der Fenster und Türen ab. Liegt der Eingangstür beispielsweise eine Balkontür gegenüber, empfiehlt sich eine zweizeilige Küche, die an einer Wand Spüle, kleine Arbeitsfläche und Herd, an der anderen Wand Vorrats-, Geräte- und Geschirrschränke und eine weitere Arbeitsfläche aufweist, außerdem den Kühlschrank und nach Möglichkeit eine größere herausziehbare Platte, die sich als Eßplatz für »eilige Gelegenheiten« eignet, aber auch für Arbeiten im Sitzen verwendet werden kann. Eine »richtige« Eßecke in der Küche sollte durch quergestellte Schrankteile oder dergleichen vom Küchenarbeitsraum abgetrennt sein (siehe Seite 30).
Neben der zweizeiligen Küche gibt es eine Reihe weiterer Einrichtungsmöglichkeiten: L-förmig, wenn zwei anstoßende Wände möbliert werden können, U-förmig, wenn drei Wände (einschließlich der Fensterwand, wobei das Fenster erst 90 cm

über dem Fußboden beginnen darf) als Stellflächen zur Verfügung stehen. Beide Küchentypen kommen erst ab 10 qm Grundfläche in Frage. Eine Durchreiche zum Eßplatz oder Wohnzimmer könnte sich über einer der Arbeits- oder Abstellflächen befinden. Praktisch ist ein Geschirrschrank, der sowohl von der Küche als auch vom Wohn- oder Eßraum aus zugängig ist und der meist in Verbindung mit der Durchreiche konstruiert wird.

Kochplatte und Herd. Der Herd steht, so wurde eingangs dieses Kapitels verkündet, auch heute noch im Mittelpunkt der Wohnung. Trotzdem sei es dem Autor gestattet, erst an dieser Stelle auf die »Feuerstelle« zurückzukommen. Muß es im Kleinhaushalt wirklich ein ausgewachsener Küchenherd, gleichgültig ob mit Elektrizität oder Gas betrieben, sein? Die Frage ist nicht unbedingt zu bejahen. Man könnte sich auch auf einen doppelflammigen Gaskocher oder auf einen Elektrokocher mit zwei Platten beschränken. Zwei Koch- und Bratmöglichkeiten sollten es schon sein, wenn man mehr im Sinn hat als Campingküche. Die nächste Stufe wäre ein elektrisches Tischgerät mit zwei Kochplatten und kleiner Back- und Bratröhre, das sich überall aufstellen und anschließen läßt. Einen »richtigen« Herd braucht man, wenn man nicht nur gelegentlich Fleisch braten oder Kuchen backen, kleine Gerichte überbacken oder, bei entsprechender Zusatzeinrichtung, Hähnchen grillen will. Ist das nicht der Fall, kann man sich auf ein kleineres Kochgerät beschränken. Praktisch sind Kochplatten mit automatischer Schalteinrichtung und Temperaturregelung. Sie erlauben es, eine Speise zum Ankochen und -braten aufzusetzen und nach dem Einschalten der Garzeit wegzugehen. Die Platte schaltet automatisch nach Ablauf dieser Zeit auf mildere Hitze zum langsamen Garen um und sperrt die Stromzufuhr mit Hilfe einer Schaltuhr, wenn die Garzeit abgelaufen ist. Ähnliche Automatikvorrichtungen gibt es auch für den Backofen. Sie erlauben das Garen eines ganzen Menüs in einem Arbeitsgang. Ob man den mit Elektrizität oder Gas betriebenen Küchenherd mit einem Kohle- oder Ölbeistellherd koppeln will, hängt von den Heizverhältnissen ab (Kochgeräte für spezielle Zwecke siehe unten.)

Schnelle Töpfe, rotierende Mixer

Es gibt Geräte für praktisch jeden Zweck, vom Messerschleifer bis zur Geschirrtuch-Trockenanlage mit Warmluftgebläse und von der Zitruspresse bis zum Abfallzerkleinerer. Die Angebote der Industrie hören sich verlockend an. Anzeigen wecken Wünsche und produzieren im Verein mit anderen Werbemitteln die Vorstellung, daß man nun wirklich nicht mehr ohne Quiqua-Mixer oder Bubu-Grillpfanne auskommen könne. Seien Sie auf der Hut, bevor sie sich zum Kauf entschließen. Nichts gegen arbeitssparende Geräte, sie können gerade im kleinen Haushalt wesentlich zur Abkürzung der Prozedur beitragen – aber alles gegen ein Hilfsgerät, dessen Funktion Sie vorher nicht bis ins letzte Detail durchdacht haben und das schließlich in einer Schrankecke verstaubt, weil es selten oder nie benutzt wird.
Es kann gar nicht oft genug gesagt werden: Fast jedes Küchengerät erfüllt den vom Hersteller gewollten Zweck, wenn es an der richtigen Stelle eingesetzt wird. Dann macht es sich meist auch bald bezahlt. Das Geld wurde aber zum Fenster hinausgeworfen, wenn Sie die Frage der Verwendbarkeit in *Ihrem* Haushalt nicht genau genug geprüft haben und auch nicht dazu bereit sind, Ihre Küchengewohnheiten der neuen Vorrichtung anzupassen. Sehen Sie sich deshalb in anderen, vergleichbaren Haushalten um, lesen Sie Verbraucherinformationen, versuchen Sie, ein teures Gerät zur Probe aufstellen zu lassen oder für ein paar Tage von Bekannten auszuleihen. Treffen Sie erst dann Ihre Entscheidung. Glauben Sie nur: Man kommt mit einem Drittel der Geräte aus, die man sich am liebsten kaufen möchte.

Töpfe und Pfannen. Einen Vierlitertopf, einen Zweilitertopf und eine Pfanne sollten Sie als Mindestausstattung haben. Dazu kommt ein Wasserkessel, wenn Sie nicht über ein elektrisches Kochendwassergerät verfügen und es in der Küche keine Warmwasserversorgung zum Spülen gibt. Bei nächster Gelegenheit wäre die Erstausstattung zu ergänzen um eine kleine Schmorpfanne (Bratenpfanne) mit Deckel und eine Kasserolle (mit Stiel). Für elektrische Kochplatten brauchen Sie Kochgeschirr mit plangeschliffenem Boden. Lassen Sie sich auf nichts anderes ein. Der Topf- und Pfannendurchmesser richtet sich nach der Platten- oder Flammengröße, die ganz ausgenutzt werden sollte. Hohe Töpfe sind für die Schnellküche ungünstiger als weite und niedrige Töpfe. Wenn Sie es sich leisten können, halten Sie sich an Edelstahl- oder buntes Silitgeschirr, das sich auch auf Eßtisch oder Teewagen gut ausnimmt, oder schaffen Sie sich Kochgeschirr aus feuerfestem Glas oder Steingut an. Sie sparen das Umfüllen im Schüsseln und Terrinen (und zusätzlichen Abwasch) dabei. Bewährt haben sich Pfannen mit speziell vergütetem, waben- oder noppenartig ausgebildetem Boden. Sie sind vielseitiger als normale Pfannen, weil sie sich – zum Teil mit entsprechenden Zu- und Einsätzen – auch zum Toasten, Grillen, Fritieren und sogar zum Kuchenbacken eignen, dank ihrer Universalität also für den kleinen Haushalt viele Möglichkeiten bieten. Das Nonplusultra ist zur Zeit eine elektrische Bratpfanne mit Thermostat, die auch zum Kochen, Anwärmen, Fritieren, Dämpfen (mit Einsatzkorb) und für ein halbes Dutzend andere Zwecke benutzt werden kann und fast einen Küchenherd erspart. Dank ihrer gläsernen Haube eignet sich dieses Koch- und Serviergerät auch und gerade für Zubereitungen am Eßtisch.

Eine Kategorie für sich sind die Schnellkochtöpfe. Ihr Prinzip: Sie erlauben das Kochen bzw. Dünsten im geschlossenen, mit einem Ventil ausgerüsteten Topf unter leichtem Dampfdruck. Das hat einmal den Vorteil kürzerer Garzeiten (der Zeitbedarf verringert sich auf die Hälfte und noch stärker, je nach Speise) und damit eines geringeren Stromverbrauchs, zum andern kann man mehrere Gerichte auf einmal und ohne gegenseitige Geschmacksbeeinträchtigung garen, und schließlich werden auch die Vitamine erheblich schonender behandelt als beim »offenen« Koch- oder Dünstverfahren. Neben den herkömmlichen Schnellkochern für die größere Familie und den ebenfalls mit Dampf arbeitenden Turmkochern gibt es auch Schnellkochtöpfe für den Kleinhaushalt mit 3 l Fassungsvermögen, die zudem ohne Deckel auch noch als Bratpfanne oder Kasserolle verwendet werden können.

Mixer, Rührer, Entsafter. Die »große« Universal-Küchenmaschine ist für den Kleinhaushalt nur in Ausnahmefällen geeignet. Für diesen Zweck hat man sie auch gar nicht konstruiert. Dagegen gibt es eine Fülle von Einzelgeräten, die – je nach Kochgewohnheiten und Küchenfrequenz – auch in der kleinen Küche wesentliche Funktionen übernehmen können, vorausgesetzt, man setzt sie an der richtigen Stelle ein und paßt sich den Voraussetzungen des Geräts ein bißchen an. Ein Mixgerät hat beispielsweise nur Sinn, wenn man mit einer gewissen Regelmäßigkeit Milchmischgetränke, Quark- und Obstspeisen und dergleichen bereiten will. Zum Schlagsahne- und Teigrühren ist es ungeeignet. Dafür ist das Handrührgerät bestimmt. Es ist mit verschiedenen Zusatzgeräten ausgerüstet, die das Schlagen, Rühren, Passieren, Zerkleinern und Kneten erlauben. Bei mittleren Ansprüchen kann ein guter Handrührer auch das Mixgerät ersetzen. Achten Sie beim Einkauf auf möglichst universelles Zubehör. Ob der Motor den Beanspruchungen ihres Haushaltes gewachsen ist, merken Sie trotz aller Vorsicht erst bei dem Versuch, einen zähen Hefeteig gründlich durchzuarbeiten. Aber es muß ja nicht immer Hefeteig sein. Für alle anderen Arbeiten ist der Handrührer gut bis mittelgut zu verwenden, sei es, daß sie eine Soße rühren, Suppengemüse zerkleinern, Tomaten durch ein Sieb treiben, Quarkspeise cremig rühren oder Schlagsahne schlagen wollen. Wer diese vielseitigen Ansprüche nicht stellt, wird auch mit einem kleinen und preiswerten Handquirl zufrieden sein.
Trinken Sie gern frische Obstsäfte? Dann wäre ein elektrischer Entsafter das richtige Weihnachtsgeschenk für Sie. Mohrrüben oder Trauben, Sellerie oder Zwiebeln lassen sich im Handumdrehen damit zu Saft verarbeiten. Halten Sie sich beim Einkauf an eine erprobte Marke. Manche Geräte geraten

in tückische Eigenschwingungen, weil sie nicht narrensicher konstruiert sind. Von solchen »Böcken« sollten Sie die Finger lassen. Alle Entsafter arbeiten nach dem Zentrifugen-Prinzip, ausgenommen die elektrischen Zitruspressen, die nichts anderes als eine motorisierte Fassung der herkömmlichen Zitronenpressen sind. Wenn Sie nicht sehr oft und in größeren Mengen Apfelsinen- oder Zitronensaft brauchen, können Sie auf dieses Gerät verzichten. Ähnlich verhält es sich auch mit der elektrischen Kaffeemühle. Frisch gemahlener Kaffee ist großartig, aber in Ihrem Kaffeegeschäft wird man Ihnen die Mahlarbeit gern abnehmen – und kostenlos.

Grill- und Toastgeräte. Wer sich ein Grillgerät (eingebaut im Backofen oder als Tischgrill) anschaffen will, muß seine Ernährungsweise umstellen, falls er nicht schon vorher gegrillte Speisen bevorzugt hat und falls er Wert darauf legt, das Gerät auch wirklich auszunutzen. Das klingt wie eine Binsenweisheit, aber wenn Sie mir jetzt nicht glauben, werden Sie mir spätestens ein Vierteljahr nach Anschaffung des Grills recht geben. Die Grillküche weicht in entscheidenden Punkten von der Normalküche ab. Fleisch gerät unter dem Grill saftiger und kann fettärmer zubereitet werden – das ist in Fällen von Schlankheitsdiät oder ärztlich vorgeschriebener Diät ein großer Vorteil, aber wer Fleischsoßen liebt, wird sich nicht damit anfreunden können. Für den Kenner bietet ein Grill viele attraktive Möglichkeiten: Toastgerichte, Überbackenes, Fisch, Geflügel, Spießchen, gegrilltes Obst und Gemüse. Aber man muß sich auch wirklich dazu entschließen, die vom Üblichen abweichende Kostform einzuführen. Sonst wird das Grillgerät zur gelegentlich hervorgekramten Spielerei degradiert, und das hat es nicht verdient. Außerdem wäre es dann auch ein teurer Spaß.
Toasten kann man zwar auch im Grillgerät – das lohnt sich aber nur bei größeren Mengen, etwa wenn Sie Gäste haben und raffinierte Toastschnitten (Rezepte ab S. 118) bereiten wollen. Für den Alltag ist ein Toastgerät praktischer. Einfache Geräte, bei denen die Brotscheiben von Hand gewendet wer-

den müssen und bei denen der Bräunungsgrad kontrolliert werden muß, sind zu erschwinglichen Preisen zu haben. Schneller und ohne Aufsicht geht es bei den Automatik-Toastern. Dafür kosten sie auch erheblich mehr. Hier wie auch sonst hat die Schnelligkeit ihren Preis.

Waffeleisen und Fritüre. Das sind nun schon zwei sehr spezielle Geräte, deren Anschaffung sich im Kleinhaushalt nur lohnt, wenn die Hausfrau für Waffeln schwärmt oder Fettgebackenes, Pommes frites und Backhendl liebt. Beide Küchenhelfer werden auch mit automatischer Temperatursteuerung geliefert, die eine Kontrolle der Backtemperatur überflüssig macht.

Heißes Wasser für alle Zwecke. Wasser braucht man nicht nur zum Abspülen, sondern für tausend andere Zwecke. Je nach Ihren Kochschwerpunkten sollten Sie an die Frage der Heiß- oder auch Kochendwasserversorgung herangehen. Am einfachsten, aber nicht am bequemsten ist es, wenn Sie den Wasserkessel füllen und auf die Flamme oder Kochplatte setzen. Nächster Schritt: ein Schnellkocher. Es gibt ihn mit verschiedenem Literinhalt, auch mit Milch- oder Eierkocheinsatz. Am besten halten Sie sich an ein Gerät, das mit einem Trockengehschutz ausgerüstet ist, beim Leerkochen also automatisch abschaltet. Für kleinere Wassermengen ist der gute alte Tauchsieder zu empfehlen. Fehlt es Ihnen morgens an der nötigen Zeit, sich Ihren Kaffee in Ruhe zu bereiten, und trinken Sie auch sonst gern und oft ein »Schälchen Heeßen« von Filterqualität, wäre die Anschaffung einer Kaffeemaschine nicht uninteressant. Es gibt verschieden große und verschieden komfortable Geräte – entscheiden Sie sich für eins, das sich leicht bedienen und reinigen läßt, das Ihnen vor allem aber einen Kaffee nach ihrem Geschmack liefert. Nicht alle Kaffeemaschinen sind gleich.
Ein weitere Möglichkeit, schnell kochendes Wasser zu erzeugen, ist der Kochendwasserspender als Wandgerät, an Wasserleitung und Stromnetz angeschlossen. Für Spülzwecke genügt ein unter der Spüle angebrachtes kleines Speichergerät, das nur heißes, aber kein kochendes Wasser erzeugt. Das Ko-

chendwassergerät kann auf verschiedene Temperaturstufen und Wassermengen eingestellt werden. Größere Durchlauf- oder Speichergeräte verwendet man, wenn Bad und Küche zentral mit Heißwasser versorgt werden sollen.

Porzellan und Plastik, Silber und Glas

Es ist eine Gewissensfrage, auf welche Personenzahl man seine Ausrüstung mit Geschirr, Bestecken und Gläsern abstellen soll. Niemand wird daran denken, sich mit zwei Tellern und Tassen und einer Besteck- und Gläserausrüstung zu begnügen. Es können ja Gäste kommen – eingeladene oder auch ungeladene. An feste Zahlen braucht man sich nicht zu halten. Nichts spricht dagegen, an Stelle der »üblichen« sechs Gläser oder Bestecke (wenn es schon nicht zwölf oder gar vierundzwanzig sein können) fünf oder neun einzukaufen. Die ungewöhnliche Zahl könnte nur bei bestimmten Geschirrarten auf Schwierigkeiten stoßen, die ausschließlich im kompletten Service verkauft werden. Da solche Services keine späteren Ergänzungsmöglichkeiten bieten, sind sie aber ohnedies nicht der letzte Schrei. Bei allem Tischgerät fährt man besser, wenn man sich für Formen und Dekors entscheidet, die mit einiger Sicherheit auch nach Jahren noch ergänzt und erweitert werden können. Das gilt gleichermaßen für Porzellan oder Steingut wie für Bestecke und Gläser. Und noch ein Grundsatz: Im Kleinhaushalt sollte man sich an möglichst vielseitig verwendbares Geschirr halten. Kaufen Sie niemals eine bestimmte Gläser- oder Tellersorte nur deshalb, weil Sie Ihren Gästen einmal irgendein spezielles Getränk oder eine besondere Speise vorsetzen wollen, die später mit Sicherheit selten oder nie auf dem Speisenplan stehen wird. Sie würden sich jedesmal über diesen Entschluß ärgern, wenn Ihnen die unbenutzt herumstehenden Teile beim Ein- oder Umräumen des Schrankes in die Hände fielen.

Die Geschirrausstattung. In Geschmacksfragen kann Ihnen niemand dreinreden. Wenn Sie sich nicht für supermoderne

Formen begeistern können, halten Sie sich ruhig an herkömmliche oder nach landläufiger Meinung »altmodische« Muster und Dekors. Schließlich müssen Sie täglich mit Ihrem Geschirr umgehen – Ihnen soll es also in erster Linie gefallen. Aber achten Sie bei alledem auf zwei Grundsätze:

1. Modisch verspieltes Porzellan ist nicht ganz problemlos, weil man es möglicherweise nach einiger Zeit »nicht mehr sehen kann«. Zeitlose Formen sind besser.

2. Geschirr soll nicht nur gut aussehen, es muß auch einen hohen Gebrauchswert haben. Stapelfähigkeit, Unempfindlichkeit (abstehende, zierliche Griffe oder Tüllen!) und Standfestigkeit müssen vor dem Kauf geprüft werden.

Für den Anfangsbedarf im kleinen Haushalt sollten Sie sich zunächst einmal Kaffeetassen mit Untertassen, Kaffeekanne, Zuckerdose und Milchkännchen und dazu Kuchenteller anschaffen. Außerdem brauchen Sie flache Teller und Suppenteller. Terrinen und Schüsseln können Sie weitgehend einsparen, wenn Sie »tischfähiges« Kochgeschirr verwenden. Zur Ergänzung der Erstausstattung brauchen Sie größere und kleine Platten und Schüsseln, Eierbecher, Butterdose, Tortenplatte und Kompottschälchen. Für das portionsweise Anrichten empfehlen sich Portionsteller mit entsprechender Unterteilung oder erprobtes Kombinationsgeschirr nach Art des Bordgeschirrs der Fluggesellschaften. Diese zweite Geschirrform läßt sich nach Kabarett-Art auf dem Tablett arrangieren. Die kleinen Näpfe und Schüsseln kann man auch zum Anrichten von Salaten, Soßen, Gemüsebeigaben und dergleichen großartig verwenden. Bordgeschirr wird aus modernen Werkstoffen hergestellt, die auch das Material zu farbenfrohem Frühstücksgeschirr in gefälligen Formen liefern.

Feuerfestes Geschirr aus Porzellan, Steingut oder Glas hat den für Zeiteinsparungen wesentlichen Vorteil, daß man alle Gerichte ohne Umfüllen in Schüsseln darin auf den Tisch bringen kann. Formen aus feuerfestem Glas lassen darüber hinaus eine gute Beobachtung des Koch-, Brat- oder Dünstvorganges zu, und schließlich kann man den Schüsseldeckel auch noch als gut vorgewärmten Teller benutzen.

Gläser für viele Zwecke. Sie brauchen auf jeden Fall je einen Satz Wein-, Schnaps- und Biergläser – die Stückzahl pro Satz hängt von Ihren Bewirtungsgewohnheiten ab. Für welche Ausführung Sie sich entscheiden, ist eine Frage des Geldbeutels. Geschliffene Kristall- oder Bleikristallgläser kosten etwa das Doppelte normaler, dünnwandiger Gläser und das Zehnfache schlichter Gläser aus Preßglas. Auswahlgrundsatz sollte sein, daß Charakter und Stil des Glases dem Getränk angepaßt werden müssen. Einen schlichten italienischen Landwein kann man getrost in einem kleinen Becher, drei Stück für eine Mark im Kaufhaus, anbieten. Eine edle Trockenbeerenauslese verlangt nach einem Stielglas mit oder ohne Schliff. Wählen Sie die Weinglasform so, daß sie sowohl für Weißwein als auch für Rotwein paßt. Die Biergläser müssen sich auch für Whisky, Limonade, Fruchtsaft, Milchmischgetränke und Wasser eignen. Falls Sie sich nicht zu niedrigen und standfesten Schnapsstamperln entschließen, sind Sie gut beraten, wenn Sie kelchförmige Likörgläser mit nicht zu kleiner Schale wählen, in denen Sie auch Weinbrand, harte Getränke, Südweine und Aperitifs anbieten können. Mit diesen drei Gläserarten kommen Sie aus, wenn Sie auf eine weitere Spezialisierung keinen Wert zu legen brauchen. Andernfalls wären Sektschalen oder -kelche die nächste Anschaffung. Entschließen Sie sich zu einer Form, die auch das Anrichten von pikanten Cocktails, Eis, Obstgerichten und Süßspeisen zuläßt – Schalen also nicht zu flach, Kelche nicht zu spitz und dünn wählen. Weitere Spezialgläser: Cognacschwenker, Whiskybecher, Bowlen-, Rotwein- und Groggläser.

Die Besteckauswahl. Eßbestecke sind Werkzeuge, sollten also auch wie solche kritisch geprüft werden, bevor man sich auf eine bestimmte Form und »Bauweise« festlegt: Ist die Oberfläche kratzfest? Liegen die Griffe gut in der Hand? Sind die Klingen scharf? Lassen sich die einzelnen Teile bequem spülen oder gibt es Ecken, in denen Speisereste hartnäckig festsitzen? Erst in zweiter Linie kommen Schönheitsgesichtspunkte in Betracht: Paßt das Eßbesteck zum Geschirr? Hat es eine zeitlose

Form, an der man sich nicht so schnell »satt« sieht? Erfüllt es die Forderungen an schmückendes und nicht nur nützliches Tafelgerät?
Es gibt im wesentlichen vier Materialgrundlagen für Bestecke: Aluminiumbesteck ist billig, verkratzt aber leicht und eignet sich deshalb hauptsächlich für den Küchenbedarf. Besteck aus rostfreiem Stahl wird von Speisesäuren praktisch nicht angegriffen und verlangt keine besondere Pflege. Es ist erheblich preiswerter als versilbertes Besteck, sieht gut aus und wird in vielen modernen Formen angeboten. Achten Sie auf sorgfältige Verarbeitung – es gibt gerade bei Stahlbesteck erhebliche Unterschiede. Versilbertes Besteck hat einen Körper aus Alpaka und einen Silberüberzug. Echtsilberbesteck liegt schon an der Grenze zwischen Kapitalanlage und Gebrauchsbesteck. Der Körper besteht aus Silber-Kupfer-Legierung, der Überzug wie beim versilberten Besteck aus reinem Feinsilber. Schön und beständig – aber teuer.
Fürs erste brauchen Sie Eßbestecke aus Messer, Gabel und Löffel. Wenn Sie sich für eine Mittelgröße entscheiden, die zwischen dem größeren Tafel- und dem kleineren Dessertbesteck liegt, sind Sie für alle Wechselfälle der Küche gut ausgerüstet. Die Satzzahl richtet sich nach Haushaltsgröße und Gästegewohnheiten. Zur Erstausstattung gehören ferner Teelöffel (ebenfalls eine Mittelgröße wählen), Suppenkelle (eine kleinere genügt), Vorlegelöffel und -gabeln. Fangen Sie auch dabei mit Universalformen an - spezialisieren können Sie sich immer noch: Kuchengabeln, Mokkalöffel, Obstmesser und -gabeln, Zuckerzange und -streuer, Kompottlöffel, Fischeß- und -vorlegebesteck und so fort, wenn Sie wollen bis zu Austerngabeln, Eislöffeln, Sardinenheber, Schneckengabeln und -zangen und Joghurtlöffeln mit langem Stiel.

Wohin mit all dem Gerät?

Arbeitsgerät für die Küche, Kochecke oder -nische muß immer dort untergebracht werden, wo es gebraucht wird. Also verstaut man regelmäßig verwendetes Gerät und Küchengeschirr nach Möglichkeit in Griffhöhe, damit man sich nicht zu bücken braucht. Kuchenblech und Bratenpfanne, ebenso alle schwereren, seltener gebrauchten Geräte, Töpfe und Arbeitshilfen bekommen ihren Platz unterhalb der Griffhöhe, also in den unteren Fächern von Standschränken und Regalen. Leichteres Gerät, Geschirr, ebenso Zutaten, die nicht so oft gebraucht werden, und haltbare Vorräte kann man in Reichhöhe oberhalb des bequemen Greifraumes verstauen, also beispielsweise in Hängeschränken. Je seltener etwas in die Hand genommen werden muß, desto höher bzw. tiefer kann es untergebracht werden.

Dieses Prinzip gilt auch für Tischgeschirr und -gerät. Es wäre unpraktisch, das täglich benutzte Frühstücksgeschirr im obersten Schrankfach zu verstauen. Das Bowlengefäß dagegen, das nur drei- oder fünfmal im Jahr hervorgekramt wird, ist an diesem abgelegenen Platz gut aufgehoben. Suchen Sie sich für das Alle-Tage-Geschirr und -Besteck einen Schrank und Schubfächer aus, die sowohl von der Spülecke gut erreichbar sind als auch in unmittelbarer Nähe des Eßplatzes liegen. Die ideale Lösung ist ein Geschirrschrank, der zwischen Küche und Eßecke liegt und von beiden Seiten aus zugängig ist – wir sprachen (Seite 18) schon darüber.

Auch das Auge will genießen

Wer seine Brötchen zwischen Tür und Angel kaut oder den brühheißen Kaffee am Herd stehend, in Mantel und Hut, verschluckt, braucht sich auf dieses »rationelle Verfahren« nicht viel einzubilden. Hier ist nicht der Platz, um die Frage zu untersuchen, wieso es manchen Leuten so schwerfällt, zehn Minuten früher aufzustehen und sich beim Frühstück Zeit zu lassen. Es sei nur festgestellt, daß so ein »Schnellsystem« mit einer vernünftigen Schnellküche nichts zu tun hat. Die schnelle Küche soll Ihnen ja gerade genug Zeit verschaffen, in Ruhe zu essen und so ausführlich, wie der Körper es verlangt. Dazu gehört auch das appetitliche Anrichten der Mahlzeiten. Wenn man sich einmal daran gewöhnt hat, kostet es nicht mehr Zeit als die oft zu beobachtende Übung, die Ölsardinen aus der Dose zu fischen und ein Brötchen dazu zu kauen oder die Zutaten zum kalten Abendessen in Einwickelpapier und Tüten auf dem Tisch auszubreiten. Es sieht ja niemand zu, meinen Sie? Eßkultur ist kein Zuschauerproblem, sondern eine Frage der Selbstachtung, und Schlamperei darf nicht mit Bequemlichkeit verwechselt werden.

Der Frühstücksplatz. In den weitaus meisten bundesdeutschen Haushalten frühstückt man in der Küche. Die Kleinküche bietet zwar keinen Platz zu einem »ausgewachsenen« Tisch, aber eine kleinere, ausziehbare Tischfläche läßt sich auch bei beengten Raumverhältnissen einbauen, möglichst abgestützt durch herausklappbare Füße oder einen entsprechenden Haltebügel. Man sitzt auf Küchenstühlen und -hockern und hat alle Frühstückszutaten in erreichbarer Nähe. Kein Mensch schreibt vor, daß der Frühstücksplatz nicht auch für das Mittag- und Abendessen benutzt werden dürfte. Allerdings ist es nicht jedermanns Sache, sein Menü in der unaufgeräumten Küche einzunehmen.

Die Barküche. Hier dient eine Art Bartheke gleichzeitig als Eßplatz (mit hohen oder niedrigen Stühlen oder Hockern) und als Trennung zwischen Wohnraum und Küche. Von der Küchenseite aus wird angerichtet und mühelos aufgetragen, auf der Wohnseite läßt man sich zum Essen nieder. Die Barküche läßt sich auch zu einer mehr »bürgerlichen« Form abwandeln – dergestalt, daß man auf der Wohnseite einer breiten Durchreiche zur Küche einen kleinen Eßtisch aufstellt oder anbaut. Über der Durchreiche findet der von beiden Seiten erreichbare Geschirrschrank seinen Platz. Es gibt raffinierte Lösungen des Barküchenproblems – mit einer Tischplatte, die hochgeklappt die Durchreiche zudeckt, mit eingebauter Hausbar und Schublade für die Skatkarten, mit einem Tisch, der auf einer holzfarbigen Platte eine zweite, weiß lackierte Tischplatte trägt, die man in die Küche schieben, mit Geschirr und Speisen beladen und wieder zurückschieben kann – und vieles andere mehr. Organisationsgenies können sich (für die Eigentumswohnung) selbst eine auf die eigenen Verhältnisse zugeschnittene Barküche ausdenken.

Der Eßplatz. Wenn man ihn in der Küche unterbringen will, muß der Raum auch im Kleinhaushalt größer als 10 qm sein, sonst gibt es Gedränge. Die modernen Anbaumöbel bieten viele Möglichkeiten, die Eßecke optisch und arbeitstechnisch von der übrigen Küche abzutrennen. Es muß nicht unbedingt die berühmte grünberankte Gitterwand aus Bambusstangen sein. Ein quergestellter niedriger Schrank, der gleichzeitig als Anrichte, Abstellplatz und Geschirrschrank dienen kann, tut es auch. Es gibt sogar Standschränke mit »freischwebend« aufgesetzten Hängeschränken, die den Raum noch besser nutzen. Ob man so einen Aufsatz verwenden kann, hängt von den Lichtverhältnissen in der Küche ab. Eine Hängelampe über dem Eßtisch unterstreicht die optische Trennung. Stühle oder Armsessel dienen als Sitzgelegenheiten, auch eine Bank oder Eckbank kommt in Frage. Wenn man seinen »Haupteßplatz« in den Wohnraum verlegen will – und man wird es tun, wenn genug Raum vorhanden ist –, sollte man sich eine helle und freundliche Ecke aussuchen. Bei der Möblierung geht man von der übrigen Zimmereinrichtung aus. Ein Teppich, ein Vorhang, eine Hängelampe, auch ein quergestellter Schrank teilen das »Zimmer im Zimmer« ab. Wenn es nicht zu einer eigenen Eßecke reicht, kann man auf einen in der Höhe verstellbaren Wohnzimmertisch zurückgreifen, der normalerweise in Sesselhöhe steht und nur zum Essen in Eßtischhöhe gekurbelt oder gehebelt wird. Leider gibt es keine dazu passenden verstellbaren Sessel. Unentbehrliches Zubehör für den kleinen Haushalt ist ein Teewagen als Abstell- und Anrichtemöbel und zum Geschirrtransport. Auch für den Aufbau eines kleinen kalten Büfetts oder einer improvisierten Hausbar kann man ihn verwenden.

Der gedeckte Tisch. Im Ein- oder Zweipersonenhaushalt neigt man eher als in größeren Familien dazu, »nicht viel Umstände« zu machen, wenn es um das nette Herrichten des Eßplatzes oder -tisches geht. Dagegen ist im Prinzip auch gar nichts einzuwenden – es geht nämlich auch ohne die bewußten Umstände, in einem Bruchteil der Zeit, wenn man sich an ein paar Grundregeln gewöhnt hat. Niemand hindert Sie daran, die Butter gleich nach dem Einkauf aus dem Papier zu nehmen und in eine Butterdose zu geben (es gibt auch kleine Dosen für 125-g-Packungen), die Wurst auf einen Teller zu legen, den Quark in eine Schüssel umzufüllen und alles erst dann in den Kühlschrank zu schieben. Gar keine Umstände macht es, Teller oder Brettchen, Tasse und Besteck für das Frühstück auf einem bastgeflochtenen oder aus Plastikmaterial hergestellten Set zu arrangieren, die Kaffeekanne mit einem bunten Kaffeewärmer zu bedecken, farbenfreudige Untersetzer (oder buntes Tablett) zu benutzen und Salz und Pfeffer in originelle Steingutstreuer zu füllen. Was für dieses Beispiel gilt, läßt sich auch auf die anderen Mahlzeiten übertragen. Es muß ja gar nicht unbedingt eine blütenweiße Tischdecke mit gestärkten Damastservietten sein – bunte Sets und Papierservietten tun es auch, und die festlichere Form des Tischdeckens wird man sich für feierlichere Gelegenheiten oder Gäste aufheben. Was schön und ansprechend, zugleich auch appetitanregend aussieht, muß nicht unbedingt unpraktisch sein und »Arbeit machen«. Deshalb gehört auch zur Mahlzeit im kleinen oder kleinsten Kreis ein freundlich gedeckter Tisch, denn schließlich wollen Sie ja speisen und nicht eine Abfütterung veranstalten.

Gut geplant – schnell gekocht

»Es kommt auf die Sekunde an, bei einer schönen Frau« singt Dr. Ulrich Hansen in Friedrich Schröders Erfolgsoperette »Hochzeitsnacht im Paradies«. Auch in der Schnellküche kommt es auf die Sekunde an – wobei, das sei vorausgeschickt, jede Sekunde des Nachdenkens zwei bis vier Zubereitungssekunden ersetzen kann. Denn es ist nicht damit getan, die Kochplatte auf höchste Hitzestufen zu stellen und den Mixer zu Meisterleistungen anzuspornen. Mindestens genauso wichtig wie eine schnelle und glatt ablaufende Vor- und Zubereitungstechnik ist eine vernünftige Vorausplanung, ein kluger Einkauf, eine weitschauende Vorratshaltung und eine Beachtung aller zeitsparenden Tips.

Beim Einkauf Zeit sparen

Was nützt, so werden Sie vielleicht fragen, alle Raffinesse am Küchenherd, wenn die gewonnene Zeit beim Einkaufen wieder verlorengeht? Diese Frage ist nicht ganz unberechtigt, und es gibt auch kein Patentmittel gegen Einkaufszeitverluste. Sicherlich ist Ihnen nicht damit geholfen, wenn ich Ihnen empfehle, sich die verkehrsschwachen Zeiten für den Einkauf vorzubehalten. Gerade in diesen Stunden sitzen Sie ja am Schreibtisch oder am Fließband, und in den wenigen Minuten zwischen Dienstschluß und Ladenschluß läßt sich nicht viel erledigen. Dazu kommt, daß gerade ein hastiger Einkauf stärker ins Geld geht als ein bedächtiger, weil man sich gar nicht die Zeit nehmen kann zu wählen, zu vergleichen, Preise zu prüfen und so etwas wie ein aufklärendes Verkaufsgespräch zu führen.

Es gibt, von einer intimen Kenntnis der Einkaufsquellen in Ihrem Bereich abgesehen, nur eine Möglichkeit, beim Einkauf Zeit zu sparen: Betreiben Sie Vorratswirtschaft auf allen geeigneten Gebieten und kaufen Sie nur die frischen Waren wie Obst und Gemüse, Fleisch und Brot von Fall zu Fall. Wenn Ihre Waren- und Preiskenntnisse dazu ausreichen, können Sie die wöchentliche oder auch monatliche Sammelbestellung aller Dauerwaren (Konserven, Teigwaren, Reis, Halbfertigprodukte, Fett, Öl, Salz, Zucker, Mehl, Grieß, Haferflocken und dergleichen) auch schriftlich aufgeben und sich das Paket vielleicht sogar ins Haus schicken lassen. In manchen Fällen werden Sie auch von der Möglichkeit der telefonischen Bestellung Gebrauch machen. Der wichtigste zeitsparende Einkaufstip: Betreten Sie den Laden erst dann, wenn Sie genau wissen, was Sie einkaufen wollen und welche Mengen Sie brauchen.

»Sonderangebote« der Jahreszeiten

Die ersten frischen Spargel des Jahres, die ersten Kirschen oder Erdbeeren der Saison verlocken zum Einkauf und zur Kostprobe. Wer dieser Versuchung nachgibt, muß tief in die Tasche greifen. Warum soll man sich die Freude nicht machen? Aber auf die Dauer ist das zu kostspielig. Wohl dem, der – vor allem bei Obst und Gemüse, aber auch bei allen anderen frischen Hauptnahrungsmitteln – Schwemmenzeiten auszunutzen versteht. In diesen Monaten ist die betreffende Zutat am preiswertesten und meist auch am schmackhaftesten. Halten Sie sich deshalb an die folgenden Monatsübersichten:

JANUAR

Gemüse: Chicorée, Grünkohl, Rosenkohl, Rotkohl, Weißkohl, Wirsingkohl, Feldsalat, Mohrrüben, Porree, Meerrettich, Rettich, rote Rüben, Schwarzwurzeln, Zwiebeln, Sellerie
Obst: Ananas, Äpfel, Clementinen, Bananen, Zitrusfrüchte, Rhabarber
Fleisch, Geflügel: Hammel, Rind, Schwein, Gans, Pute
Fisch: Kabeljau, Seelachs, Hecht, Karpfen, Austern, Seemuscheln
Wild: Fasan, Reh, Wildschwein

FEBRUAR

Gemüse: Grünkohl, Rosenkohl, Rotkohl, Weißkohl, Feldsalat, Mohrrüben, Porree, Rettich, rote Rüben, Schwarzwurzeln, Zwiebeln, Sellerie

Obst: Äpfel, Clementinen, Rhabarber, Bananen, Zitrusfrüchte
Fleisch: Hammel, Rind, Schwein, Gans
Fisch: Schellfisch, Kabeljau, Seelachs, Rotbarsch, Hecht, Karpfen, Austern, Seemuscheln
Wild: Fasan, Reh, Wildschwein

MÄRZ

Gemüse: Feldsalat, Spinat, Mohrrüben, Porree, rote Rüben, Schwarzwurzeln, Sellerie
Obst: Äpfel, Rhabarber, Bananen, Zitrusfrüchte
Fleisch: Hammel, Kalb, Lamm, Rind, Schwein
Fisch: Schellfisch, Kabeljau, Seelachs, Hering, Hecht, Karpfen
Wild: Wildschwein

APRIL

Gemüse: Kopfsalat, Spinat, Porree, Radieschen, Rettich, Sellerie, Spargel, Frühkohl
Obst: Äpfel, Rhabarber, Bananen, Zitrusfrüchte
Fleisch, Geflügel: Kalb, Lamm, Schwein, Küken
Fisch: Schellfisch, Kabeljau, Seelachs, Hummer, Hecht, Karpfen
Wild: Wildschwein

MAI

Gemüse: Frühweißkohl, Frühwirsingkohl, Kopfsalat, Spinat, Mohrrüben, Radieschen, Spargel
Obst: Äpfel, Rhabarber, Bananen, Zitrusfrüchte
Fleisch, Geflügel: Kalb, Lamm, Küken, Hähnchen
Fisch: Kabeljau, Rotbarsch, Hummer, Krebs, Forelle
Wild: Wildschwein

JUNI

Gemüse: Erbsen, Salatgurken, Blumenkohl, Frühweißkohl, Frühwirsingkohl, Kohlrabi, Kopfsalat, Frühmohrrüben, Rettich, Spargel
Obst: Rhabarber, Erdbeeren, Kirschen, Stachelbeeren, Bananen, Zitrusfrüchte

Fleisch, Geflügel: Kalb, Hähnchen, Küken, Ente
Fisch: Kabeljau, Rotbarsch, Aal, Forelle, Krebs, Hummer, Languste
Wild: Wildschwein, Kaninchen

JULI

Gemüse: dicke Bohnen, grüne Bohnen, Erbsen, Gurken, Blumenkohl, Rotkohl, Weißkohl, Kopfsalat, Mohrrüben, Rettich, Auberginen, Paprika
Obst: Aprikosen, Blaubeeren, Erdbeeren, Himbeeren, Kirschen, Johannisbeeren, Pfirsiche, Stachelbeeren
Fleisch, Geflügel: Kalb, Ente, Hähnchen, Küken, Tauben
Fisch: Rotbarsch, Hering, Aal, Forelle, Hecht, Languste, Krebs
Wild: Kaninchen, Wildschwein, Frischling

AUGUST

Gemüse: Bohnen, Erbsen, Einlegegurken, Salatgurken, Paprika, Tomaten, Rotkohl, Weißkohl, Wirsingkohl, Endiviensalat, Mohrrüben, Auberginen, Pilze
Obst: Kläräpfel, Birnen, Blaubeeren, Brombeeren, Pfirsiche, Pflaumen, Trauben, Kirschen
Fleisch, Geflügel: Kalb, Hähnchen, Ente, Küken, Taube
Fisch: Hering, Aal, Forelle, Hecht, Languste, Krebs, Hummer
Wild: Kaninchen, Wildschwein, Frischling

SEPTEMBER

Gemüse: Blumenkohl, Bohnen, Einlegegurken, Salatgurken, Tomaten, Rotkohl, Wirsingkohl, Endiviensalat, Meerrettich, Zwiebeln, Paprika, Auberginen
Obst: Äpfel, Birnen, Brombeeren, Holunderbeeren, Trauben, Pflaumen, Quitten, Melonen, Bananen, Zitrusfrüchte
Fleisch, Geflügel: Kalb, Schwein, Ente, Hähnchen, Taube
Fisch: Hering, Aal, Karpfen, Hecht, Languste, Krebs, Hummer
Wild: Wildschwein, Hase, Hirsch, Kaninchen, Rebhuhn

OKTOBER

Gemüse: Blumenkohl, Rotkohl, Weißkohl, Wirsingkohl, Endiviensalat, Meerrettich, Rettich, rote Rüben, Zwiebeln, Kürbis
Obst: Ananas, Äpfel, Birnen, Clementinen, Trauben, Zwetschgen, Preiselbeeren, Kürbis, Melonen, Bananen, Zitrusfrüchte
Fleisch, Geflügel: Hammel, Schwein, Pute, Truthahn, Taube
Fisch: Hering, Aal, Karpfen, Hecht, Seemuscheln
Wild: Hase, Hirsch, Wildente, Wildschwein, Kaninchen, Rebhuhn

NOVEMBER

Gemüse: Blumenkohl, Rosenkohl, Rotkohl, Weißkohl, Wirsingkohl, Endiviensalat, Meerrettich, Mohrrüben, Schwarzwurzeln, Zwiebeln, Sellerie, Kastanien, Kürbis, Chicorée
Obst: Ananas, Äpfel, Birnen, Trauben, Bananen, Zitrusfrüchte
Fleisch, Geflügel: Hammel, Schwein, Pute, Truthahn, Taube, Gans
Fisch: Seelachs, Hering, Karpfen, Hecht, Seemuscheln
Wild: Hase, Kaninchen, Reh, Wildente, Wildschwein, Hirsch, Rebhuhn, Fasan

DEZEMBER

Gemüse: Grünkohl, Rosenkohl, Rotkohl, Weißkohl, Wirsingkohl, Endiviensalat, Meerrettich, Mohrrüben, Porree, Rettich, Schwarzwurzeln, Zwiebeln, Sellerie, Kastanien, Kürbis, Chicorée
Obst: Ananas, Äpfel, Clementinen, Bananen, Zitrusfrüchte
Fleisch, Geflügel: Hammel, Rind, Schwein, Gans, Pute, Truthahn
Fisch: Kabeljau, Seelachs, Hering, Karpfen, Hecht, Auster, Seemuscheln
Wild: Hase, Wildente, Reh, Hirsch, Fasan

Das ganze Jahr über gibt es u. a. Sauerkraut, eingelegte Gurken und alle Arten von Konserven und Tiefkühlkost.

Aus Kühltruhen, Tüten und Dosen

Alle Arten von konservierten und »vorbereiteten« Nahrungsmitteln sind für eine kürzere (Halbkonserven, Trockensuppen und dergleichen) oder längere (Vollkonserven, Tiefkühlkost) Lagerzeit haltbar gemacht. Das ist ein Gesichtspunkt, der für die häusliche Lagerhaltung – wir kommen noch darauf zurück – von großer Bedeutung sein kann. Zum zweiten sind alle diese Nahrungsbestandteile oder Fertigmenüs aber auch arbeitstechnisch für die Schnellküche von Interesse. Die Hersteller haben der Hausfrau Arbeit abgenommen – zum Beispiel das Putzen und Schälen von Gemüse, das portionsfertige Herrichten von Schlachtfleisch, das Rupfen, Ausnehmen und Waschen von Geflügel – bis hin zum tischfertigen Garen der Speise bei Dosengerichten und Vollkonserven. Dieses Vorbereiten kostet Geld, ebenso wie das Konservieren, Verpacken und Transportieren. Für die Versorgung mit Tiefkühlkost mußten beispielsweise eigene Tiefkühlketten vom Lagerhaus bis zum Einzelhändler eingerichtet werden, weil die tiefgefrorene Ware unterwegs nicht auftauen darf.
Im Preis des »vorbereiteten« und konservierten Nahrungsmittels sind also nicht nur die Materialkosten enthalten, sondern auch die Kosten aller damit verbundenen Dienstleistungen. Waren dieser Art sind deshalb zwangsläufig etwas teurer als frische Nahrungsmittel. Dafür spart man Zeit, Arbeit, Strom und Abfall. Es ist von Fall zu Fall zu entscheiden, ob diese Vorteile den höheren Preis rechtfertigen. Haben Sie sich schon einmal die Mühe gemacht, den Wert einer häuslichen Arbeitsstunde zu berechnen? Dann werden sie schnell zu einer Entscheidung in der Frage »Vorbereitet oder nicht?« kommen. In jedem Fall ist die Zeitersparnis erheblich. Die schnelle Küche kommt deshalb nicht ohne vorbereitete Nahrungsmittel aus – sie ist geradezu darauf angewiesen.

Tiefkühlkost. Im Vergleich etwa zu den Vereinigten Staaten ist der Verbrauch tiefgekühlter Nahrungsmittel bei uns noch relativ niedrig. Der schwache Absatz, die hohen Lager- und Transportkosten wirken sich stark auf den Preis aus. In der

Schnellküche ist zu beachten, daß die Garzeiten für tiefgefrorene Nahrungsmittel sich kaum von den bei frischer Ware üblichen Zeiten unterscheiden. Die Auftauzeiten bei Fleisch und Geflügel müssen bei der Küchenplanung berücksichtigt werden. Am besten kauft man am Tag vorher ein und legt die Tiefkühlkost zum Auftauen in den Kühlschrank. Am nächsten Tag läßt sie sich normal weiterverarbeiten.

Aus der Dose. Neben den herkömmlichen Mahlzeitbestandteilen aus der Konservendose (Obst, Gemüse, Fleisch) gewinnen die Fertiggerichte immer mehr an Bedeutung. Sie brauchen nur noch angewärmt zu werden. Neben Mischgerichten aus der bürgerlichen Küche gibt es auch anspruchsvollere Speisen: Wildschweinkeule in Rotwein etwa oder Bœuf Stroganoff. Die Qualität des Angebots ist unterschiedlich. Im Gegensatz zu den Dosen mit einheitlicher Füllung kann man bei fertigen Mischgerichten Überraschungen erleben – leider nicht nur angenehme. Fertigsuppen in Dosen zählen zu den Spitzenerzeugnissen der Konservenindustrie; mit ihrer Hilfe macht es keine Schwierigkeit, auch einmal eine ausgefallene Suppe (Schildkröten-, Schwalbennester- oder Trepangsuppe beispielsweise) auf den Tisch zu bringen.

Würfel und Tüten. Das ist ein weites Feld. Erbswurstsuppe, Fleischbrühwürfel und Soßenwürfel haben längst vornehmere Verwandte bekommen. Es gibt Dutzende von Suppen und Soßen, die sich in Minutenschnelle aus Tüten und Würfeln (und neuerdings auch aus kleinen Kartons) zaubern lassen. Zur Kategorie der Tütengerichte gehören auch die zahllosen Puddingpulver für heiße oder kalte Zubereitung. Trockenprodukte brachten in den letzten Jahren neue Akzente in die Gruppe der topffertigen Gerichte, an der Spitze das Kartoffelknödel- und -püreemehl, mit dem sich verblüffende Resultate in kürzester Zeit erzielen lassen. Noch am Anfang ist die Entwicklung bei den Trocken-Fertiggerichten, die alle Bestandteile einer Mahlzeit einzeln verpackt und in einem Karton zusammengefaßt anbieten – etwa Spaghetti mit Tomatensoße, Gewürzen und Reibkäse. Auch das fertig gemischte Kuchenmehl oder der Eierpfannkuchen-Mix gehören zu den Neuheiten – die Hausfrauen haben sich nur noch nicht so recht damit angefreundet. In der Schnellküche bieten alle aufgezählten Möglichkeiten ausgezeichnete Zeitsparchancen.

Flaschen, Gläser und Tuben. Unsere Aufzählung wäre unvollständig ohne die appetitanregenden Beigaben aus Flaschen, Gläsern und Tuben. In Flaschen werden vielerlei Würzsoßen und Dressings angeboten. Gläser präsentieren eingelegte Gurken und pikante Salate, Senf und Meerrettich. Tuben machen das Würzen und Garnieren mit allen Arten von Senf, Tomatenmark und pikanten Soßen wie Mayonnaise oder Remoulade zum Vergnügen. Und auch Gewürze werden mehr und mehr in Gläsern und Döschen verpackt angeboten, gebrauchsfertig hergerichtet und teilweise zu raffinierten Mischungen vereinigt, die mancher Speise erst den letzten Pfiff geben. Wohl der Hausfrau, die eine gutsortierte Gewürzapotheke ihr eigen nennen darf!

Für alle Fälle: Vorräte

Ist wirklich eine Begründung für die Notwendigkeit der Vorratshaltung auch im kleinen Haushalt notwendig? Hier ist sie: Zum ersten spart man beim Einkauf größerer Mengen vielgebrauchter Waren Zeit. Zum zweiten hilft der Einkauf auf Vorrat bei der sparsamen Wirtschaftsführung – denken Sie nur an Schwemmenzeiten (Seite 35) und Mengenrabatte. Zum dritten muß man für unvorhergesehene Fälle, etwa für plötzlich eintreffenden Besuch, für einen Krankheitsfall der Hausfrau oder auch für eine Versorgungskrise gerüstet sein, sonst sitzt man schon nach zwei einkaufslosen Tagen ernährungstechnisch auf dem Trockenen. Was unter »ausreichender Vorratshaltung« zu verstehen ist, läßt sich nicht allgemeinverbindlich umreißen. Es kommt ganz auf die Haushaltsgröße, auf Koch- und Eßgewohnheiten an, welche Schwerpunkte man sich schafft.

Wohin mit den Vorräten? Für den Anfang ist ein wohlgefüllter Kühlschrank schon ein ganz schönes Vorratspolster, vorausgesetzt, man ergänzt seinen Inhalt durch Dauer- und Trockenwaren, die im Vorratsschrank oder Keller ihren Platz finden. Der Kühlschrank ist für den kleinen Haushalt eine der wichtigsten Anschaffungen nach dem Küchenherd. Wenn man ihn schon einmal hat, muß man ihn aber auch richtig einsetzen und ausnutzen, also alle im Kühlschrank lagerfähigen Nahrungsmittel in einer Menge einkaufen, die einerseits dem Fassungsvermögen des Schrankes, andererseits dem vorgeplanten Verbrauch der Familie entspricht. Ein Kühlschrank ist keine Gefriertruhe, erlaubt also keine unbegrenzte Lagerung. Lassen Sie sich von Ihrem Elektrohändler eine Tabelle geben, die Sie über die Höchstlagerzeiten informiert. Seitdem jeder zweite bundesdeutsche Haushalt über einen Kühlschrank verfügt, ist die Zahl der Lebensmittelvergiftungen nicht etwa gesunken, sondern angestiegen – eine Folge der »Überlagerung« solcher Nahrungsmittel, die auch im Kühlschrank nur befristet haltbar sind.

Einen Vorratsschrank für alle Waren, die nicht gekühlt zu werden brauchen, stellt man in der Küche am kühlsten Platz oder auch im Flur auf. Glücklich, wer über Kellerraum verfügt – nur sollte er trocken, kühl und gut belüftbar sein, sonst schadet er mehr, als er nützt. Eine Speisekammer ist großartig, dürfte aber – wie die Praxis beweist – in den meisten Kleinwohnungen fehlen. Wenn Architekten kochen müßten!

Der Notvorrat. Die von der Bundesregierung in weiser Voraussicht gestartete »Aktion Eichhörnchen« stieß bei der Bevölkerung nur auf schwachen Widerhall. Vielleicht steckt uns die Erinnerung an Notzeiten mit Rationierung noch zu tief in den Knochen, als daß wir uns mit dem Gedanken des Notvorrats näher befreunden könnten. Dabei ist die Grundidee dieser Aktion – mittlerweile wurde das Eichhörnchen als Symbol geopfert – keinen Schritt entfernt von ganz allgemeinen Erkenntnissen über die Notwendigkeit der Vorratshaltung. Als Grundvorrat wird folgende Zusammenstellung, die man auch als fertiges »Vorratspaket« kaufen kann (Einzelhandel, Versandhandel), empfohlen (in Klammern die Lagerdauer): je 500 g Reis, Teigwaren und Haferflocken (6 bis 12 Monate), 1 kg Dauerbrot (18 Monate), 1 kg Zucker (2 bis 3 Jahre), 500 g Speiseöl, Plattenfett, Schweineschmalz oder Butterschmalz (6 bis 12 Monate), 1 kg Fleischkonserven (24 Monate), Fisch-Vollkonserven (24 Monate), 500 g Salz, außerdem Dosenmilch und Magermilchpulver in Dosen, die 12 Monate gelagert werden können. Zum Ergänzungsvorrat gehören Mehl, Grieß und Graupen, kochfertige Suppen, Kartoffelknödelmehl, Konserven aller Art, Obstsäfte und Marmelade. Die angegebenen Zahlen beziehen sich auf einen Zwei-Wochen-Vorrat pro Person. Alle Vorräte müssen trocken, kühl und luftig aufbewahrt werden. Mit dem Austausch wartet man tunlichst nicht bis zum Ablauf der längstmöglichen Aufbewahrungsfrist, sondern verwendet die Nahrungsmittel schon vorher im Haushalt und legt dafür neu eingekaufte Packungen, Dosen und Gläser zurück.

Der Gästevorrat. Natürlich genügen ein paar Eier und eine Dose Würstchen, wenn Sie sich auf unvorbereitete Gäste einrichten wollen. Aber es geht auch anspruchsvoller, und vielleicht haben Sie gar kein Interesse daran, den unvermutet aufkreuzenden Erbonkel Franz mit einem Leberwurstbrot zu vergraulen. Wenn Sie sich die nachstehend aufgezählten Dosen auf Lager legen, kann Ihnen nichts Unangenehmes mehr passieren. Dieser Vorrat reicht für eine hungrige Fußballmannschaft. Aber es soll sich ja nur um Anregungen handeln – streichen Sie bitte selbst an, was Ihnen persönlichen Vorratsbedürfnissen entspricht:

Suppen: Spargelcremesuppe, Selleriecremesuppe, Ochsenschwanzsuppe, Fleischbouillon oder gekörnte Brühe, echte Schildkrötensuppe, Hühnercremesuppe.

Vorspeisen: Geflügelleberpastete, Ragoût fin, Huhn in Aspik, Weinbergschnecken.

Fleischgerichte: Rindsgulasch, Königsberger Klops, Wiener Hackbraten, Pfefferpotthast.

Fertiggerichte: Pichelsteiner, Spaghetti mit Fleischklößchen, Ravioli, Linsen mit Rindfleisch, Erbsen mit Schweinefleisch.
Geflügel und Wild: Hühnerfleisch, Gans in Sauer, Rehgulasch, Hasenrücken.
Wurst und Aufschnitt: Landleberwurst, Schmalzfleisch, Blutwurst, Wiener Würstchen, Bockwurst.
Fisch: Hummerfleisch, Regenbogenforelle, Bismarckheringe, Heringsfilet in Tomatensoße, Räucherfilet in Öl, Thunfisch, Ölsardinen.
Obst und Gemüse: Erdbeeren, Heidelbeeren, Sauerkirschen, Apfelmus, grüne Bohnen, junge Erbsen, Pfifferlinge, Champignons, Mischgemüse, Leipziger Allerlei.
Verschiedens: Dosenmilch, Dosensahne, Sonnenblumenöl, Olivenöl, Pulverkaffee, Orangensaft, Tomatensaft, Grapefruitsaft.

Kochen auf Vorrat. Je frischer, desto besser – dieser allgemeine Küchengrundsatz läßt sich in der Schnellküche nicht immer verwirklichen, wenn man nicht auf bestimmte Zutaten ganz verzichten will. Es bleibt deshalb in manchen Fällen gar nichts anderes übrig als das »Vorkochen«. Man verlegt es auf arbeitsschwache Zeiten oder erledigt es nebenbei, wenn man ohnedies in der Küche zu tun hat. Vorgekocht werden beispielsweise Pellkartoffeln (für Kartoffel- oder gemischten Salat, Soßenkartoffeln, Aufläufe usw.), Geflügel (für Geflügelsalat, Nudel- oder Reissuppe mit Huhn, Aufläufe), Reis (für Mischgerichte mit Reis, Suppen usw.) oder alle Süßspeisen, die längere Zeit zum Abkühlen brauchen. Zur Vorratsküche gehören auch alle »Doppelverwendungen« einzelner Zutaten oder Beigaben. Man kann beispielsweise Reis ohne Salz und Zucker kochen und an einem Tag die Hälfte zu Milchreis verarbeiten, am nächsten Tag die andere Hälfte für Reissuppe, -salat oder -auflauf nehmen. Ein anderer Vorschlag: Hähnchen braten oder grillen, die Hälfte sofort und frisch verzehren, die andere Hälfte am nächsten Tag zu Geflügelsülzchen, -salat, -suppe oder -auflauf verwenden. Diese »geplante Resteverwertung« hat auch dann ihre Vorteile, wenn man zwangsläufig größere Portionen als die sofort benötigten zubereiten muß, weil sich kleinere Kochmengen nicht lohnen oder eine bestimmte Zutat nur in größeren Dimensionen verkauft wird: Hähnchen, einige Fischarten, Rollbraten und dergleichen.

Tips zur Resteverwertung. Nichts umkommen lassen – das war nicht nur in Großmutters Haushalt eine Selbstverständlichkeit. Aber wer mag schon Aufgewärmtes essen? Oberster Grundsatz der Resteküche ist deshalb die Verwandlung des Restes in ein neues Gericht, dem man die Herkunft der Zutaten nicht anzumerken braucht. Speisen, die sich besonders für die Resteverwertung eignen, sind beispielsweise alle Arten von Salaten, Aufläufen, Suppen, viele Soßen, Hackfleischgerichte, Ragouts, Frikassees, ferner Sülzchen, Rühreigerichte, Eintöpfe und sonstige Mischgerichte. Wenn man von den Restezutaten ausgeht, ergeben sich u. a. folgende Vorschläge:

Brot, Semmeln, Toast: Suppeneinlagen, geröstete Brotwürfel, Semmel- und Kartoffelklöße (Einlagen, Teigzutat), Hackfleischgerichte, Semmelmehl.

Eierkuchen: Einlage für Frittatensuppe, Aufläufe.

Fisch: Suppen, Salate, kleine überbackene Aufläufe, Toastgerichte.

Fleisch: Salate, Suppen, Haschee, Frikadellen, Ragout, Frikassee, gefüllte Tomaten oder Paprikaschoten, Eintöpfe, Pastetchen, Sülzchen.

Geflügel: Salate, Suppen, Ragout, Frikassee, Pastetchen, Sülzchen, Eierkuchenfüllungen, Rührei mit Geflügelfleisch.

Gemüse: Suppen, Salate, Eintopfgerichte, Aufläufe, Eierkuchen- und Pastetenfüllungen, Gemüse im Ausbackteig.

Kartoffeln: Bratkartoffeln, Tiroler Geröstl, Rösti, Klöße, Salate, Suppen, Soßenkartoffeln, Kartoffelplätzchen.

Reis: Suppen, Salate, gefüllte Tomaten oder Paprikaschoten, Reisauflauf, süße Reisgerichte; kalte Reisnachspeise, im Mixer mit Milch geschlagen.

Soßen: Zu Kartoffeln, Teigwaren, Reis, Gemüse, mit gekochtem Schinken oder Frikadellen.

Teigwaren: Aufläufe, Pfannengerichte mit Fleischresten oder

Schinken und Käse, Salat, Suppeneinlage, Eintopfgerichte.
Wurst: Aufläufe und Pfannengerichte (Tiroler Geröstl), Gemüsefüllungen, Salate, Ragouts, feingeschnitten zu Soßen und Suppen.

Kleiner Küchenfaulenzer

Anrühren von Mehl oder Speisestärke mit Sahne, Wasser oder dergleichen: kleinen Plastikschüttelbecher verwenden, zuerst die Flüssigkeit und dann das Mehl hineingeben.
Äpfel für Schnellkompott, Apfelstrudel, als Kuchenbelag: Kerngehäuse mit Ausstecher herausstechen, Äpfel schälen und mit dem Gurkenhobel fein hobeln.
Braten brauchen mehr Zeit, als die Schnellküche zuläßt: Fleisch 30 Minuten wie gewohnt braten, dann in Scheiben schneiden, fertig braten, herausnehmen und die Soße fertigmachen.
Fett zum Backen ist zu kalt und verlangt zeitraubendes Anwärmen: über Nacht in warmem Zimmer temperieren oder Backschüssel mit heißem Wasser ausspülen und austrocknen.
Fertiggaren von Milchreis oder Brühreis: morgens Reis ankochen, Topf gut zudecken und mit Decken, Kissen usw. warm einpacken, dann kann der Reis bis mittags gar quellen.
Fleisch zum baldigen Verbrauch möglichst weitgehend vorbereitet einkaufen: enthäutet, in Scheiben geschnitten, zu Gulaschstücken zerteilt, nach Bedarf geklopft – der Fleischer hilft Ihnen gern.
Gemüse zu schnellen Suppen, Soßen, Fischgerichten usw. (z. B. Mohrrüben, rote Rüben, Sellerie) in feine Scheiben hobeln oder fein raffeln, um die Garzeit abzukürzen.
Heißwasser braucht man in der Schnellküche immer: Erste Tätigkeit beim Betreten der Küche ist das Aufsetzen des Wasserkessels.
Kräuter sollten schonend und saftsparend zerkleinert werden. Dazu verhilft eine Kräutermühle oder ein Brettchen mit Kunstoffbelag, auch eine Porzellantafel; beide Unterlagen sau-

gen im Gegensatz zum Holzbrettchen keinen Saft auf.

Kühlschranktemperatur verträgt nicht jeder Magen. Beim abendlichen Nachhausekommen deshalb zuerst Butter, Wurst, Getränke usw. aus dem Kühlschrank nehmen und an Zimmertemperatur gewöhnen lassen.

Mohrrüben kann man schrappen oder schälen; am schnellsten geht es mit einem neuen Topfreiniger aus Metall oder Kunststoff, mit dem man die Mohrrüben einfach abschrappt.

Panieren ist eine umständliche Sache. Es läßt sich vereinfachen, wenn man fertig gemischtes Paniermehl nimmt. Es macht Mehl, verquirltes Ei und Semmelmehl überflüssig. Wenn man es würzt, kann man sich beim Fleisch usw. auch diesen Arbeitsgang ersparen.

Pellkartoffeln setzt man normalerweise mit kaltem Wasser auf. Steht heißes (nicht kochendes) sauberes Wasser, z. B. aus dem Heißwasserbereiter, zur Verfügung, wäscht man die Kartoffeln damit und setzt sie auch mit heißem Wasser auf.

Salatsoße ist zwar im Handumdrehen angerührt, es gibt aber auch eine Reihe von fertigen Soßen für verschiedene Geschmäcker (»Dressings«), die man nur aus der Flasche zu schütten braucht.

Semmeln für das Sonntagsfrühstück gibt es nicht, weil die Bäcker in der Nacht vorher nicht arbeiten. Nehmen Sie Semmeln vom Sonnabend und backen Sie sie im Backofen (vorheizen, höchste Temperaturstufe) in etwa 5 Minuten knusprigfrisch auf.

Soßen sollen manchmal eine schöne braune Frabe haben. Man kann etwas Soßenmehl auf Vorrat in der Pfanne braun rösten und im verschlossenen Glas aufbewahren.

Suppen bindet man unter anderem mit Grieß. Läßt man ihn durch eine spitze Tüte (an der Spitze ein kleines Loch machen) in den Suppentopf einlaufen, gibt es keine Klümpchen. Suppe dabei mit dem Schneebesen umrühren!

Vorheizen des Backofens erspart Zeit. Steht ein Backofengericht auf dem Programm, dessen Vorbereitung nicht länger als 10 Minuten erfordert, schaltet man schon zu Beginn der Arbeit ein. Der Ofen hat die richtige Temperatur, wenn das Gericht eingeschoben werden kann.

Zwiebeln (geröstet) zu Suppen, Püree usw. kann man fertig kaufen. Wer sich die Röstarbeit ersparen will oder nur kleinere Mengen braucht, greift auf fertige Röstzwiebeln zurück.

Zerkleinern ist das A und O der Schnellküche – je besser zerkleinert die Zutaten, desto kürzer die Garzeit. Hobeln, raffeln und reiben geht schneller als schneiden, hacken oder wiegen.

Rezepte rund um die Uhr

Gerichte, die sich in nicht mehr als 60 Minuten zubereiten lassen, also »einmal rund um die Uhr«, wurden für dieses Buch zusammengestellt. Alle Koch- und Backvorschriften auf den folgenden Seiten sind für zwei Personen berechnet, wenn nicht ausdrücklich etwas anderes vermerkt wurde. Vorbereitungs- und Garzeiten sind bei fast allen Rezepten angegeben. Die Zahlen (10, 20, 30, 40, 60) hinter den Rezeptüberschriften besagen, daß die Zubereitung im jeweiligen Fall nicht länger dauert als die Minutenzahl angibt. Dabei wurden jedoch die Erfahrungen geübter und deshalb schneller Hausfrauen berücksichtigt. Eine ganz genaue Zeitangabe ist natürlich nicht möglich, weil die tatsächlichen Vorbereitungs- und Garzeiten von zu vielen nicht exakt bestimmbaren Faktoren abhängen: Handfertigkeit und Erfahrung der Köchin oder des Kochs, Temperatursteuerung von Kochstellen und Backofen, Verfügbarkeit zeitsparender Hilfsgeräte, vor allem aber Alter und Zartheit der Zutaten. Und vielleicht noch viele unvorhergesehene, aber nicht beliebte Zufälle können nennenswerte Abweichungen von den angegebenen Zeiten verursachen. Sicher werden diesem oder jenem manche der Rezepte sogar in einer noch kürzeren Zeitspanne gelingen – die Fingerfertigkeit ganz besonders schneller Köchinnen oder Köche soll nicht bestritten werden. Man sollte aber nicht auf die Idee verfallen, die Zubereitungszeit um jeden Preis und etwa auf Kosten der guten Verdaulichkeit zu beschleunigen. Rekorde sind eine erstrebenswerte Sache, aber sicher nicht unbedingt in der Küche. Am Ende sitzt die Köchin dann selbst nachher hinter ihrem gefüllten Teller, und ihr ist vor lauter Eifer der Appetit vergangen. »Eile mit Weile« also ein wenig auch hier.
Die Kalorienangaben (bzw. Joule) sind jeweils für 1 Portion (= 1 Person) berechnet.

Frühstückstips

Wer für die tägliche Arbeit im Beruf oder im Haushalt fit sein will, sollte sich an ein reichhaltiges, in Ruhe eingenommenes

Frühstück gewöhnen, das die Körperfunktionen »anheizt«. Ein gutes Frühstück ist abwechslungsreich und solide, es enthält nicht nur nahrhafte Dinge wie Brot, Butter, Ei und Marmelade, sondern grundsätzlich auch frisches Obst (oder Obstsaft) und Gemüse (Radieschen, Tomaten, Karotten oder dergleichen), Milch in irgendeiner Form (Müsli, Trinkmilch, Quark und Käse) und nach Möglichkeit auch eine Scheibe Wurst oder Schinken. Ein Viertel bis ein Drittel der täglichen Nahrungsmenge sollte nach Auffassung der Ernährungswissenschaft allein auf das Frühstück entfallen. Nichts spricht dagegen, schon zum Frühstück außer dem heißen Getränk auch ein warmes Gericht auf den Tisch zu bringen – nicht einmal der Zeitmangel, denn es gibt genug Möglichkeiten, innerhalb ganz kurzer Zeit etwas Warmes auf den Tisch zu zaubern. Aber auch wer am konventionellen Frühstück hängt, hat viele Möglichkeiten, für Abwechslung zu sorgen. Verschiedene Brotsorten (Vollkorn- oder Knäckebrot), Honig statt Marmelade, Tee statt Kaffee, Kakao statt Milch, Quark statt Ei sind nur ein paar Vorschläge.

Honigflocken (10)
(488 Kalorien / 2043 Joule)

100 g Haferflocken, 1/2 l Milch, 2 Eßlöffel Honig, Saft einer Zitrone, 1 bis 2 Eßlöffel geriebene Nüsse.

Milch, Honig und Zitronensaft mit dem Schneebesen zu einer cremig-glatten Flüssigkeit schlagen und über die Haferflocken gießen. Mit Nüssen bestreut anrichten. *Abwandlung:* Beliebigen anderen Fruchtsaft verwenden.

Weizenkeimmüsli (10)
(359 Kalorien / 1503 Joule)

2 Flaschen Bioghurt, 2 Eßlöffel Sanddornvollfrucht, 2 Eßlöffel Milchzucker, 2 Eßlöffel Leinsamen, 4 Eßlöffel Weizenkeime.

Bioghurt mit Sanddornvollfrucht verrühren, Milchzucker und Leinsamen hineinmengen, mit Weizenkeimen bestreut anrichten. *Abwandlungen:* An Stelle von Bioghurt Buttermilch verwenden; Sanddornvollfrucht durch Honig ersetzen.

Kollathfrühstück (10)

(445 Kalorien / 1863 Joule)

100 g Kollathflocken, 2 Flaschen Joghurt, je 2 Teelöffel Honig, Milchzucker und Zitronensaft, 250 bis 300 g frisches Obst, 1 Eßlöffel geriebene Haselnüsse, 2 Teelöffel Leinsamen, geschrotet.

Früchte (Äpfel, Birnen, Apfelsinen, Mandarinen, Bananen, Kirschen, Beerenobst) gut zerkleinern, mit Zitronensaft, Honig und Milchzucker mischen. Flocken und Leinsamen mit Joghurt und dann mit der Obstmischung vermengen. Mit Nüssen bestreut zu Tisch bringen. *Abwandlungen:* An Stelle von Joghurt Sauer- oder Buttermilch verwenden; Flocken durch Kollathschrot und Frischobst durch Sanddornvollfrucht ersetzen.

Schinken mit Rührei (10)

(381 Kalorien / 1595 Joule)

125 g roher Schinken (oder Frühstücksspeck), 2 bis 4 Eier, gehackte Kräuter.

Schinken oder Frühstücksspeck in hauchdünne Scheiben oder kleine Würfel schneiden, in der Pfanne glasig braten. Eier (ohne Salzzugabe) kräftig verschlagen, die Masse über den Schinken geben und unter vorsichtigem Umrühren stocken lassen. Mit gehackten Kräutern bestreut anrichten. Nach Belieben Eiermasse auch mit etwas Milch verlängern.

Frühstücksquark (10)
(89 Kalorien / 373 Joule)

125 g Quark oder Schichtkäse, Milch oder Sahne, Radieschen und Zwiebel oder gehackte Kräuter, etwas Salz.

Quark mit Milch oder Sahne glatt rühren, mit geriebenen Radieschen und etwas Zwiebel würzen, leicht salzen. Nach Belieben zusätzlich oder ausschließlich gehackte Kräuter mit dem Quark vermengen. Dazu Vollkornbrot und Butter reichen oder den Quark als Brotaufstrich verwenden.

Katerfrühstück (10)

Nach einer durchtanzten oder durchfeierten Nacht steht einem der Sinn nach etwas Herzhaftem. Drei Vorschläge für schnell bereitete Gerichte zum Katerfrühstück:

1. Ochsenschwanzsuppe (Dose) erhitzen, mit einer Scheibe hartgekochtem Ei verzieren, Käsestangen dazu reichen.
2. Scheiben von roten Rüben (Dose, Glas) auf eine kleine Platte legen, mit Matjesröllchen in Sahnesoße besetzen, Gurkenscheiben und Zwiebelringe als Garnitur verwenden.
3. Eine Scheibe Vollkornbrot buttern, mit Salzgurkenscheiben belegen, darauf ein Gitter aus Heringsfilets anrichten, Senftupfen und Zwiebelringe als Dekoration nehmen.

Karottensalat (10)
(62 Kalorien / 260 Joule)

200 g Karotten, Honig, Zitronensaft.

Karotten bürsten und waschen, möglichst fein raffeln, mit Honig und Zitronensaft anmachen. *Abwandlung:* Salatsoße aus 2 Teilen süße Sahne und 1 Teil Zitronensaft mischen. Nach Belieben etwas Meerrettich an den Salat reiben.

Frühstück zum Mitnehmen (10)

Gehaltvoll und dabei leicht soll das Frühstück zum Mitnehmen, das Bürofrühstück sein – vor allem dann, wenn es eine ausgewachsene Mittagsmahlzeit ersetzen muß. Ein Vorschlag: Entrindete und gebutterte Scheiben von Vollkornbrot mit Salatblättern und dann mit rohem oder gekochtem Schinken, mit einer kräftigen Scheibe Frischwurst oder auch mit einem kalten kleinen Schnitzel, gut durchgebraten, belegen, mit einer gebutterten Weißbrotscheibe zudecken. Dazu gibt es je nach Jahreszeit Tomaten, einen Apfel oder ein paar Mohrrüben. Und auch auf die Nachspeise brauchen wir nicht zu verzichten: Eine gebutterte Weißbrotscheibe wird mit hauchdünnen Schokoladetäfelchen belegt.

Kräuterpfannkuchen (20)

(452 Kalorien / 1892 Joule)

4 Eier, 60 g Mehl, 4 Eßlöffel Milch, Salz, gehackte Kräuter (je nach Jahreszeit), Bratfett, 2 Tomaten.

Mehl, Milch, Eier und Salz zu Eierkuchenteig verarbeiten, mit den Kräutern vermengen. In der Pfanne Fett heiß werden lassen, aus dem Teig zwei bis vier goldgelbe Pfannkuchen backen. Mit Tomatenachteln anrichten.

Käse-Schinken-Toast (20)

(337 Kalorien / 1411 Joule)

Je 2 Scheiben Weißbrot, gekochter Schinken und Schnittkäse; Butter, 1 Tomate.

Weißbrotscheiben beiderseits toasten, auf einer Seite buttern, mit Schinken und dann mit Käse belegen, mit je 3 bis 4 Tomatenscheiben garnieren, im Ofen oder Grill überbacken, bis der Käse zu schmelzen beginnt. Heiß servieren.

Sonntagsfrühstück (Brunch) (20)

Beim gemütlichen Frühstück am Sonntag oder arbeitsfreien Sonnabend gibt es etwas Warmes, so daß das Mittagessen nach dem späten Frühstückstermin ausfallen kann. Die Amerikaner haben deshalb aus »Breakfast« (Frühstück) und »Lunch« (Mittagessen) das Wort Brunch gebildet.
Wichtigster Grundsatz ist eine vielseitige, bunte und zugleich originelle Speisefolge. Man könnte beispielsweise zubereiten: Pro Person 1 bis 2 Zwiebeln in Scheiben schneiden, in Fett hellgelb rösten, Weißbrotwürfel dazugeben und mitrösten, 2 bis 3 Eier darüberschlagen und garen. Mit Schnittlauch, Petersilie oder Ketchup servieren. Erfrischende Nachspeise: Joghurt mit Früchten.

Bircher-Müsli (30)

(679 Kalorien / 2842 Joule)

100 g Haferflocken, $^{1}/_{4}$ l Milch, $^{1}/_{8}$ l Sahne oder Dosenmilch, 2 geriebene Äpfel, Saft einer halben Zitrone, 50 g Zucker, 1 Eßlöffel geriebene Nüsse.

Haferflocken mit heißer Milch begießen und 15 bis 25 Minuten weichen lassen. Geriebene Äpfel mit Zitronensaft vermengen und zuckern. Geweichte Haferflocken mit Sahne mischen und mit dem Apfelbrei verrühren. Müsli mit geriebenen Nüssen bestreuen und sofort servieren. *Abwandlungen:* Apfelsinen (gewürfelt) oder Bananen (in Scheiben geschnitten) oder feingeschnittenes Trockenobst statt der Äpfel verwenden. Mit Honig statt mit Zucker süßen. Sahne schlagen und süßen, zuletzt als Schlagsahne unterziehen. Wer bißfeste Flocken vorzieht, vermischt alle übrigen Zutaten und vermengt sie erst vor dem Anrichten mit den Haferflocken.

Aus der Suppenküche

Auf keinem anderen Küchengebiet hat sich die Nahrungsmittelindustrie so angestrengt wie auf dem der Suppenküche. Es gibt fast keine Suppe, die man aus Dosen, Würfeln oder Tüten nicht innerhalb kurzer Zeit auf den Tisch bringen kann. Hierzu ein paar Beispiele:

DOSEN: *Spargel-, Hühner-, Sellerie- und Tomatencremesuppe, Haifischflossen-, Schildkröten-, Trepang- und Schwalbennestersuppe, Gulaschsuppe, Bouillabaisse, Hamburger Aalsuppe.*

TÜTEN: *Blumenkohl-, Erbsen-, Gemüse-, Hühner-, Linsen-, Spargel-, Rindfleisch-, Nudel-, Jäger-, Gulasch- und Champignonsuppe.*

WÜRFEL: *Fleisch-, Rindfleisch-, Kalbfleisch- und Hühnerbrühe.*

Dieses große Angebot verführt natürlich dazu, sich die Sache leicht zu machen und sein ganzes Suppenrepertoire aus Dosen und Tüten zu bestreiten. Dazu besteht aber kein Grund – es gibt nämlich eine ganze Reihe von Suppen, die man aus frischen Zutaten in kurzer Zeit bereiten kann. Aber auch wenn man sich an Fertigprodukte hält, sollte man zwei Möglichkeiten nicht außer acht lassen:

1. *Jede Fertigsuppe läßt sich mit einfachen Mitteln verfeinern – ein Schuß Rotwein, etwas Sahne oder Dosenmilch, ein Stich Butter, eine sorgfältig gewählte Einlage kann Wunder vollbringen.*
2. *Man sollte nie vergessen, auch einer Fertigsuppe mit gehackten Kräutern (Petersilie, Schnittlauch usw.) den letzten Pfiff zu geben. In Verbindung mit Suppen aus der Dose oder Tüte lassen sich übrigens Reste wie gekochte Kartoffeln, Reis, Teigwaren, Fleischreste gut verwerten.*

Süße Suppen siehe Seite 63 ff.

Fleischsuppe mit Ei (10)
(93 Kalorien / 389 Joule)

$^{1}/_{2}$ l Würfelbrühe, 2 Eigelb.

Würfelbrühe aufkochen, auf 2 Teller oder Suppentassen verteilen, vorsichtig je 1 ganzes Eigelb darauf gleiten lassen, nicht umrühren und auftragen. *Abwandlung:* Eigelb verquirlen, die vom Feuer genommene Suppe damit legieren, nach Belieben mit gehackten Kräutern bestreuen.

Fleischklößchensuppe (10)
(246 Kalorien / 1030 Joule)

$^{1}/_{2}$ l Würfelbrühe, 125 g rohe Bratwürste.

Bratwurstdärme an einem Ende öffnen, kleine Kugeln aus Wurstteig in die kochende Brühe geben, gar ziehen lassen, bei Bedarf nachwürzen, nach Belieben mit gehackten Kräutern bestreuen. *Abwandlung:* Klößchen aus Hackfleisch (mit Salz, Pfeffer, Zwiebel und Petersilie gewürzt) formen und in die Suppe geben.

Spätzlesuppe (10)
(201 Kalorien / 841 Joule)

$^{1}/_{2}$ l Würfelbrühe, 75 g Mehl, 1 Ei, Salz, etwas Wasser (bei Bedarf).

Aus Mehl, Ei, Salz und Wasser Spätzleteig zubereiten. Die Brühe zum Kochen bringen, Spätzle vom Küchenbrett hineinschaben (oder durch die Spätzlemaschine, das Spätzlesieb geben), in 8 Minuten gar ziehen lassen.

Schnelle Kartoffelsuppe (10)
(411 Kalorien / 1720 Joule)

Suppengrün, Fett zum Anbraten, $^{1}/_{2}$ l Würfelbrühe, $^{1}/_{4}$ Paket Kartoffelpüreemehl, Salz, 1 kleine Zwiebel.

Suppengrün möglichst fein schneiden, in Fett andünsten, mit Brühe auffüllen und weich kochen. Kartoffelpüreemehl untermengen, aufkochen. Zwiebel unterdessen schneiden und in der Pfanne in Fett bräunen, über die Suppe geben. *Verfeinerung:* In Scheiben geschnittene Kochwurst oder kleine Dosenwürstchen in der Suppe heiß werden lassen. An Stelle der gebräunten Zwiebel können auch geröstete Brotwürfel verwendet werden.

Schnelle Tomatensuppe (10)
(69 Kalorien / 289 Joule)

$^{1}/_{2}$ Packung Tomatencremesuppe, 2 Eßlöffel Sahne oder Dosenmilch, 1 Eigelb, 1 Spritzer Zitronensaft, etwas Schnittlauch.

Tomatencremesuppe mit $^{1}/_{2}$ Liter Wasser nach Vorschrift zubereiten, Sahne oder Dosenmilch mit Eigelb verrühren und die vom Feuer genommene Suppe damit legieren. Vor dem Anrichten mit Zitronensaft abschmecken und mit feingeschnittenem Schnittlauch bestreuen. Schmeckt im Sommer auch eisgekühlt ausgezeichnet.

Grießsuppe (20)
(115 Kalorien / 481 Joule)

$^{1}/_{2}$ l Würfelbrühe, 20 bis 25 g Gries, 1 Eigelb, etwas Dosenmilch.

Grieß unter ständigem Rühren in die kochende Würfelbrühe einlaufen lassen, am besten durch die Spitze einer Papiertüte, in etwa 10 Minuten gar quellen lassen. Suppe vom Feuer nehmen, Eigelb mit Milch verquirlen und hineinrühren.

Leberknödelsuppe (20)

(271 Kalorien / 1134 Joule)

1/2 l Würfelbrühe, 1 altbackene Semmel, 65 g Rinderleber, 15 g Speck, 1 bis 2 Eßlöffel Milch, Semmelmehl, 1 kleine Zwiebel, 1 Ei, Salz, Pfeffer, Majoran, Petersilie, geriebene Zitronenschale.

Semmel in Milch oder Wasser einweichen, fest ausdrücken, zerpflücken und zusammen mit Leber, Speck und Zwiebel durch den Fleischwolf (feine Scheibe) drehen. Mit Ei und Gewürzen verkneten, bei Bedarf etwas Semmelmehl zugeben. Mit nassen Händen kleine Klößchen formen oder abstechen und in der kochenden Brühe in 10 bis 20 Minuten (je nach Größe) gar ziehen lassen.

Hackfleisch-Schnellbrühe (20)

(273 Kalorien / 1143 Joule)

1/2 l Wasser, 80 g Hackfleisch, je 1 kleine Zwiebel und Mohrrübe, Salz, 1 Eigelb, gehackte Kräuter, Bratfett.

Zwiebel reiben, Mohrrübe fein schneiden, mit dem Hackfleisch vermengen und kurz in der Pfanne anbraten, dann mit Wasser auffüllen und 10 Minuten kochen. Vom Feuer nehmen, mit verquirltem Eigelb legieren und mit Salz abschmecken. Vor dem Auftragen gehackte Kräuter darübergeben.

Pilzsuppe nach Jägerart (20)

(313 Kalorien / 1310 Joule)

200 g Pilze, 1 kleine Zwiebel, 1 Eßlöffel Öl, 1/2 l Würfelbrühe, 20 g Mehl, 30 g Speck, 4 Eßlöffel Sahne, Salz, Pfeffer, Petersilie, 1/2 Glas Portwein.

Pilze putzen, waschen und fein schneiden, Zwiebel würflig schneiden, beides mit erhitztem Öl und gewürfeltem Speck andünsten, mit Mehl bestäuben, mit Brühe auffüllen und zum Kochen bringen. Wenn die Pilze gar sind, Sahne hineinrühren, mit Salz und Pfeffer abschmecken, mit Portwein verfeinern und mit Petersilie bestreut auftragen.

Spinatsuppe (20)

(90 Kalorien / 377 Joule)

250 g Spinat, 1/2 kleine Zwiebel, 15 g Mehl, 1/2 l Würfelbrühe, Salz, Pfeffer, Muskat, nach Belieben 2 Eßlöffel Sahne.

Zwiebel fein schneiden, in Öl andünsten, den gewaschenen, grob gehackten Spinat dazugeben, mit Mehl bestäuben, mit Fleischbrühe auffüllen und 12 bis 15 Minuten kochen lassen. Die Suppe mit Salz, Pfeffer und geriebenem Muskat abschmecken, nach Belieben mit Sahne verfeinern. *Abwandlungen:* Die Suppe anstatt mit Mehl mit einer geriebenen Kartoffel binden, 2 bis 3 Eßlöffel gekochten Reis (Rest) hineingeben.

Mais-Curry-Suppe (20)

(295 Kalorien / 1235 Joule)

1 kleine Zwiebel, 40 g Butter, 3/8 l Würfelbrühe, 1/8 l Milch, Salz, 1/8 Teelöffel Curry, 1 Teelöffel Worcestersoße, 1 Tasse gare Maiskörner (Dose), 1 Teelöffel Speisestärke, 4 Eßlöffel Sahne oder Dosenmilch, 1 Eigelb.

Zwiebel sehr fein schneiden, in Butter glasig dünsten, mit Brühe und Milch auffüllen, mit Salz, Curry und Worcestersoße abschmecken, die Maiskörner dazugeben, 10 Minuten durchkochen. Speisestärke mit Sahne oder Dosenmilch und Eigelb verquirlen, in die Suppe rühren, kurz aufkochen. Mit gehackten Kräutern bestreut anrichten.

Bunte Gemüsesuppe (20)
(640 Kalorien / 2679 Joule)

1 kleine Sellerieknolle, 2 große Mohrrüben, 1 Paprikaschote, 1 bis 2 große Zwiebeln, 1 Stange Porree, 2 große Kartoffeln, 50 g Speck, 50 g Butter oder Margarine, knapp 3/8 l Würfelbrühe, Salz, gehackte Petersilie.

Sellerie, Mohrrüben und Kartoffeln putzen bzw. schälen und mit dem Gurkenhobel in feine Scheiben hobeln. Zwiebeln, Paprika und Porree in Ringe oder Scheiben schneiden. Speck in Würfel teilen, im Topf anbraten, Butter oder Margarine dazugeben und das Gemüse darin andünsten. Mit Würfelbrühe auffüllen, leicht salzen, die Suppe in 12 bis 20 Minuten fertig garen. Mit Petersilie bestreut anrichten. Nach Belieben kleine Fleischwürste in der Suppe heiß werden lassen.

Linsensuppe mit Würstchen (20)
(275 Kalorien / 1151 Joule)

1 Fertigpackung Linsensuppe (2 Teller), 1/2 l Wasser oder Brühe, 2 Würstchen, nach Belieben 100 g gekochte Kartoffeln (Rest).

Linsensuppe zubereiten, 10 Minuten kochen lassen, nach der halben Kochzeit gewürfelte Kartoffeln und Würstchen hineingeben.

Windsorsuppe (20) (Resteverwertung)
(483 Kalorien / 2022 Joule)

20 g Mehl, 20 g Butter, gut 1/2 l Würfelbrühe, 1 kleine Dose Champignons, 100 g Reste von Kalbfleisch oder gekochtem Schinken, Salz, Muskatnuß, Streuwürze, 1 Eigelb, 4 Eßlöffel Sahne oder Dosenmilch, ca. 100 g Reste von gekochten Makkaroni oder anderen Teigwaren.

Mehl in Butter schwitzen, mit der Brühe auffüllen und 8 Minuten durchkochen. Champignons und Fleisch oder Schinken klein schneiden und in der Suppe heiß werden lassen. Mit Salz, einem Hauch geriebener Muskatnuß und Streuwürze abschmecken. Eigelb mit Sahne oder Dosenmilch verquirlen, die vom Feuer genommene Suppe damit legieren, die geschnittenen Makkaroni hineingeben. *Abwandlung:* Auf ähnliche Weise lassen sich auch Reste von Hühnerfleisch und Reis aufbereiten.

Schildkrötensuppe »Lady Curzon« (20)

(153 Kalorien / 640 Joule)

1 Dose echte Schildkrötensuppe, etwas Sherry, 3 bis 4 Eßlöffel süße Sahne, Curry.

Inhalt der Dose erhitzen, ohne ihn zum Kochen zu bringen. Mit Sherry abschmecken, in kleine Tassen geben. Sahne schlagen und auf die beiden Tassen verteilen, mit Curry bepudern. Kurz im Ofen oder Grill überbacken.

Feine Spargelsuppe (30)

(186 Kalorien / 779 Joule)

200 g Spargel, 1 kleiner Würfel Hühnerbrühe, 20 g Mehl, 20 g Butter, 1 Eigelb, 1 Eßlöffel Dosenmilch, Salz, Streuwürze.

Spargel schälen, waschen, in 3 cm lange Stücke schneiden, mit Wasser bedeckt gar kochen und abseihen. Brühe zu $^1/_2$ l auffüllen, Hühnerbrüh-Würfel darin auflösen. Mehl in Butter hellgelb schwitzen, mit der Brühe auffüllen. 8 Minuten durchkochen. Eigelb mit Dosenmilch verrühren, die vom Feuer genommene Suppe damit legieren, mit Salz und Streuwürze abschmecken, die Spargelstücke hineingeben. *Abwandlung:* Spargelabschnitte aus der Dose verwenden; den Spargel in diesem Fall nicht mitkochen, sondern vorsichtig in der fertigen Suppe heiß werden lassen. Sie darf dabei nicht zum Kochen gebracht werden.

Grießnockerlsuppe (40)
(205 Kalorien / 858 Joule)

1/2 l Würfelbrühe, 20 g Butter, 40 g Grieß, 1 Eigelb, Salz, Pfeffer, Muskat.

Butter schaumig rühren, nach und nach Grieß und Eier zugeben, mit Salz, Pfeffer und Muskat würzen, 20 Minuten stehenlassen. Mit einem Teelöffel Nockerln abstechen, in die kochende Brühe geben und in etwa 12 Minuten gar ziehen lassen. Je kleiner die Nockerln abgestochen werden, desto schneller sind sie gar.

Gulaschsuppe (40)
(422 Kalorien / 1766 Joule)

200 g Rindfleisch, 100 g Zwiebeln, 30 g Schweineschmalz, 10 g Mehl, 1 Eßlöffel Tomatenmark, 1/2 l Wasser, Paprika, Salz, Majoran, Worcester- oder Tabascosoße, 1/2 Glas Rotwein.

Fleisch in kleine Würfel oder Scheiben schneiden, mit den gewürfelten Zwiebeln in Schmalz andünsten, mit Mehl bestäuben, kurz anrösten, Tomatenmark und Paprika dazugeben und mit Wasser auffüllen. Auf kleiner Flamme garen, Rotwein hineingeben, mit Paprika und der Würzsoße pikant abschmecken. Dazu Weißbrot reichen. *Abwandlung:* Paprikaschoten säubern, in Streifchen schneiden, 10 Minuten mit dem Fleisch mitdünsten.

Süße Suppen

Milchsuppe mit Nudeln (20)
(368 Kalorien / 1616 Joule)

1/2 l Milch, 30 g Zucker, 1 Prise Salz, 1/2 Päckchen Vanillezucker, 60 bis 80 g Bandnudeln.

Milch mit Zucker, Salz und Vanillezucker zum Kochen bringen, die Nudeln hineingeben und auf kleiner Flamme garen. *Abwandlung:* Die Milchsuppe mit Resten von gekochtem Reis oder Teigwaren nahrhafter machen.

Abgerührte Apfelsuppe (20)

(293 Kalorien / 1226 Joule)

250 g Äpfel, $^{3}/_{8}$ l Wasser, $^{1}/_{2}$ Glas Weißwein, 50 g Zucker, 1 Eßlöffel gehackte Mandeln, 10 g Speisestärke, 1 Eigelb.

Äpfel waschen, vierteln, die Kerngehäuse entfernen (bei Bedarf auch schälen), mit Wasser aufsetzen, garen, abgießen und etwa $^{3}/_{4}$ der Äpfel passieren, den Rest zur Seite stellen. Kochbrühe mit passierten Äpfeln, Weißwein, Zucker und Mandeln nochmals zum Kochen bringen. Speisestärke mit Eigelb verquirlen, die vom Feuer genommene Suppe damit legieren, die zurückbehaltenen Apfelschnitzel hineingeben. *Verfeinerung:* Rosinen hineingeben, mit Zimt und Vanillezucker würzen.

Abbildungen:

Obstsuppe (20)

(198 Kalorien / 829 Joule)

250 g frisches Obst, $^1/_2$ l Wasser, $^1/_2$ Päckchen Vanillezucker, 12 g Speisestärke, Zucker nach Bedarf, etwas Zitronensaft.

Obst waschen, zerschneiden und mit Wasser aufsetzen, bei schwacher Hitze gar werden lassen. Speisestärke kalt anrühren, in die Suppe geben und aufkochen lassen. Mit Zucker, Vanillezucker und Zitronensaft abschmecken, kalt oder warm auftragen. *Verfeinerung* durch $^1/_2$ Glas Weißwein und eine Einlage aus Suppenmakronen.

Schnelle Eierspeisen

Das Ei ist für die Schnellküche wie geschaffen. Gleichgültig, welche Zubereitungsart man wählt – länger als 20 Minuten dauert es in keinem Fall, bis eine Eierspeise auf den Tisch kommt. Eier gehören deshalb zum Standardvorrat in der zeitknappen Küche. Im Eierfach des Kühlschranks halten sie sich zwischen 10 und 14 Tagen frisch. Auch die »Portionsgröße« ist für den kleinen Haushalt ideal – man braucht keine größere Packung anzubrechen, wenn man es auf eine Eierspeise abgesehen hat. Normalerweise haben die Eier in der Schnellküche nur einen Nachteil, an dem sie selbst schuldlos sind: Sie verleiten dazu, es bei Spiegeleiern, Rührei und Eierkuchen bewenden zu lassen. Daß es darüber hinaus auch noch viele andere Zubereitungsmöglichkeiten gibt, beweisen die nachstehenden Rezepte. Viele davon lassen sich mit etwas Phantasie beliebig abwandeln. Sie sollten es auf einen Versuch ankommen lassen, damit Ihre Eierküche wegen ihrer Vielseitigkeit beneidet wird!

Gekochte Eier (10)
(90 Kalorien / 377 Joule)

Eier in leicht gesalzenes, sprudelnd kochendes Wasser geben, abwarten, bis es wieder aufwallt, und dann nach der Eieruhr den gewünschten Grad der Festigkeit bemessen: weich (3 bis 4 Minuten), pflaumen- oder wachsweich (4 bis 5 Minuten), hart (6 bis 10 Minuten). Die herausgenommenen Eier sofort abschrecken, damit sie nicht nachhärten.

Spiegeleier (10)
(136 Kalorien / 569 Joule)

Pro Person: 1 bis 2 Eier, Salz, Pfeffer (oder Paprika), Bratfett.

Fett in der Pfanne heiß werden lassen, die Pfanne vom Feuer nehmen und die Eier vorsichtig hineinschlagen. Bei mittlerer Hitze fertig braten, mit Salz und Pfeffer oder Paprika würzen. Auf vorgewärmtem Teller zu Tisch geben.
Abwandlungen: Spiegeleier auf glasig angebratenem Schinken oder Speck braten oder auf getoastetem Weißbrot anrichten, während des Bratens mit Reibkäse bestreuen oder mit Ketchup zu Tisch geben.

Amerikanische Spiegeleier (10)
(471 Kalorien / 1972 Joule)

Pro Person: 1 Scheibe Weißbrot (Toastbrot), 1 Scheibe rohen Schinken, 1 Ei, 1 Banane, Bratfett, Schnittlauch, Streuwürze, Paprika.

Weißbrot beiderseits toasten, auf einer Seite buttern. Banane schälen und halbieren, in heißer Butter braten, mit Paprika überpudern. Weißbrot mit Schinken bedecken und mit den Bananenhälften belegen. Spiegelei braten, Ränder sauber beschneiden. Das Spiegelei auf die Bananenhälften legen, mit feingeschnittenem Schnittlauch bestreuen. Dazu nach Belieben

Tomatenhälften, mit Kresse bestreut, Radieschen, Tomatensalat, grüner Salat oder Salat aus gekochtem Gemüse. Auch Ketchup paßt dazu.

Rühreivariationen (10)

(259 Kalorien /1084 Joule)

Pro Person: 1 bis 3 Eier, etwas Milch, Salz, Bratfett.

Eier mit Milch verquirlen und salzen. Fett in der Pfanne heiß werden lassen, die Masse hineingeben und unter vorsichtigem Umrühren mit Holzlöffel oder Gabel bei schwacher Hitze stocken lassen. Rechtzeitig aus der Pfanne nehmen, damit die Rühreimasse nicht zu trocken auf den Tisch kommt. Nach Belieben die noch ungebratene Masse vermischen mit gehacktem Schinken, Speck, Leber, Wurstresten, Käse, Pilzen, geschnittenem Spargel, ganzen Krabben oder gekochten Fischresten, fein zerpflückt. Alle diese Zutaten kann man aber, entsprechend abgeschmeckt, auch als Beigabe zum Rührei reichen.

Verlorene Eier (10)

(180 Kalorien / 753 Joule)

Wasser mit etwas Salz und einem Schuß Essig zum Kochen bringen. Pro Person 2 Eier einzeln in eine Schöpfkelle schlagen und in das kochende Wasser gleiten lassen. In 3 bis 4 Minuten garen, so daß das Eiweiß fest wird, das Eigelb aber flüssig bleibt. Herausnehmen, abschrecken, die Ränder sauber beschneiden. Auf Toast, zu Salaten, zu Spinat oder mit Soße (kalt oder warm) zu Tisch geben.

Gebackene Eier (10)

(180 Kalorien / 753 Joule)

Öl oder Backfett im Topf heiß werden lassen, pro Person zwei Eier nach dem Rezept für verlorene Eier hineingeben, während des Backvorgangs vorsichtig mit zwei Eßlöffeln formen. Herausnehmen, sobald das Eiweiß gebräunt ist. *Vereinfachung:* Eier wachsweich kochen, schälen, gut abtropfen lassen, in Mehl, Eiweiß und Semmelmehl wenden und in Fett schwimmend ausbacken.

Eier im Förmchen (10) (auch als Resteverwertung)
(133 Kalorien / 557 Joule)

Pro Person: 1 Ei, Salz, etwas Butter, 1 Eßlöffel Milch oder Wasser.

Ei mit Salz und Milch oder Waser gut verquirlen, in einen gebutterten Eierkocher (Jenaer Glas) füllen, 6 bis 8 Minuten im Wasserbad garen. Mit Preiselbeeren zu Tisch geben.
Abwandlungen:
1. 2 Teelöffel Reibkäse mit der Eiermasse verrühren, mit Paprika bestreut servieren;
2. je 1 Teelöffel feingewiegten Schinkenspeck und gewürfelte Gewürzgurke in das Förmchen geben, mit Eiermasse übergießen (Milch nach Belieben weglassen), mit Paprika bestreut zu getoastetem Weißbrot reichen;
3. 50 g gewürfelten, angebratenen Schinken, 30 g Streichschmelzkäse in Flöckchen und 3 Tomatenscheiben in das Förmchen geben, mit verquirltem Ei übergießen. Zu Weißbrot oder Röstkartoffeln reichen.

Russische Eier (20)
(595 Kalorien / 2491 Joule)

4 hartgekochte Eier, Senf, Sardellenpaste, gehackte Petersilie, Butter, Mayonnaise.

Eier der Länge nach halbieren, das Eigelb vorsichtig herausnehmen, mit der Gabel zerdrücken und mit Senf, Sardellenpaste, Petersilie und etwas Butter zu einer glatten Creme rühren. Die Eihälften (Spritzbeutel verwenden!) damit füllen, auf

Mayonnaise anrichten (oder die Eier damit überziehen). *Abwandlungen:* Eigelb zur Abwechslung verrühren mit
1. gehacktem Räucherlachs, einem Spritzer Essig, etwas Öl;
2. gehackten Kräutern, Currypulver, Butter und Salz;
3. gehackten Oliven, Butter, Selleriesalz, geriebener Zwiebel.
Als Garnitur eignen sich Tomatenachtel, Radieschen, kleine Gewürzgurken, Mixed Pickles und Petersiliensträußchen.

Sardelleneier (20)

(655 Kalorien / 2742 Joule)

4 bis 6 Eier, 100 g Mayonnaise, 1 Gläschen (40 g) Sardellenfilets.

Eier in etwa 10 Minuten hart kochen, abschrecken, schälen und der Länge nach halbieren. Die Eihälften nach dem Abkühlen auf einer kleinen Platte anrichten, mit Mayonnaise überziehen, der Länge nach geteilte Sardellenstreifchen gitterartig darauf legen. Dazu Weißbrottoast und Butter reichen.

Gebackene Sahneeier (20)

(245 Kalorien / 1026 Joule)

Pro Person: 1 Ei, 1 Eßlöffel feinwürflig geschnittener roher Schinken, 1 Eßlöffel süße Sahne, Salz, Pfeffer, Schnittlauch, etwas Butter, Tomaten zum Garnieren.

Schinken in ein gefettetes Förmchen geben, das Ei darüber schlagen, salzen, pfeffern, mit Sahne bedecken. Im vorgeheizten Backofen bei Mittelhitze 15 bis 18 Minuten backen, noch heiß mit Schnittlauch bestreuen. Tomatenachtel dazu reichen.

Eierkuchen (20)

(454 Kalorien / 1900 Joule)

100 g Mehl, $^{1}/_{8}$ l Milch, 3 Eier, etwas Salz, Backfett.

Zum durchgesiebten Mehl nach und nach Milch und Eier rühren, leicht salzen, in der Pfanne in heißem Backfett von beiden Seiten goldgelb backen, auf gewärmtem Teller anrichten.
Abwandlungen: Teig mischen mit

1. gehackten Kräutern,
2. feingewürfelten Fleisch-, Wurst- oder Schinkenresten,
3. gedünsteten Pilzen,
4. Apfelspalten oder entsteinten Kirschen.

Eierkuchen je nach Füllung mit grünem Salat, Tomatensalat, Apfelmus oder beliebigem Kompott reichen, mit Zimt und Zucker bestreuen oder mit Marmelade füllen und zusammenrollen.

Krabbenomelett (20)
(365 Kalorien / 1528 Joule)

Pro Person: 2 Eier, etwas Salz, Butter. Zur Füllung: 80 bis 100 g Krabben (frisch oder aus der Dose), Ketchup, Zitronenachtel.

Nach dem bei »Omelett à la Brügge« beschriebenen Rezept (Seite 76) ein Omelett herstellen, der Länge nach einschneiden und mit angedünsteten Krabben füllen. Mit Ketchup beträufeln, heiß zu Tisch geben. Dazu Zitronenachtel und nach Belieben Tomatensalat.

Omelett mit Früchten (20)
(634 Kalorien / 2692 Joule)

Pro Person: 3 Eier, 25 g Zucker, 1 Päckchen Vanillezucker, 25 g Mehl oder Speisestärke, 1 Eßlöffel süße Sahne, Füllung (siehe Seite 75), Butter.

Eigelb mit Zucker und Vanillezucker schaumig rühren, steif geschlagenes Eiweiß darauf gleiten lassen, mit Mehl oder Speisestärke besieben, die Sahne dazugeben und alles vorsichtig zu einer schaumigen Masse vermengen. Butter in einer Pfanne oder in einer feuerfesten Form heiß werden lassen, die Schaummasse hineingeben, im vorgeheizten Ofen bei mäßiger Hitze mittelbraun backen (nicht umdrehen!). Eine Hälfte mit Füllung belegen, die andere Hälfte darüberklappen, sofort auf einem vorgewärmten Teller anrichten und servieren.

Füllungsvorschläge:
1. gedünstete Kirschen,
2. Aprikosenmarmelade,
3. Preiselbeerkonfitüre.

Füllung nach Belieben mit Rum abschmecken oder mit Likör (Apricot Brandy, Cherry Brandy) verfeinern.

Kartoffel-Schaumomelett mit Füllung (20)

(603 Kalorien / 2524 Joule)

Pro Person: 4 Eier, 8 Eßlöffel Milch, Salz, Muskatnuß, 65 g Kartoffelknödelmehl, Butter. – Zur Füllung: *200 g gedünstete Pilze (Champignons, Pfifferlinge) oder 300 g gedämpfter Spargel oder gedünstete Paprikastreifen.*

Eigelb mit Milch und Gewürzen schaumig rühren, Kartoffelknödelmehl dazugeben. Eiweiß steif schlagen und unter die Masse heben. Butter in der Pfanne heiß werden lassen, die Masse hineingeben und mit angewärmtem Deckel zudecken. Bei milder Hitze auf der Kochplatte oder im Ofen ohne Umwenden backen. Das fertige Omelett halbseitig mit Füllung belegen, die zweite Hälfte darüberklappen. Auf vorgewärmter Platte anrichten. Nach Belieben eine Soße dazu reichen; zu Pilzen Ketchup oder Tomatensoße, zu Spargel holländische Soße oder gebräunte Butter, zu Paprikatomaten eine Tomatensoße.

Omelett à la Brügge (20)

(306 Kalorien / 1281 Joule)

Pro Person: 2 Eier, etwas Salz, Butter. – Zur Füllung: *ca. 125 g gedünsteter Rosenkohl in Sahnesoße.*

Eier schaumig schlagen und leicht mit Salz abschmecken. In der stark erhitzten Pfanne Butter heiß werden lassen. Eimasse hineingeben, sobald die Butter hoch schäumt. Das Omelett unter vorsichtigem Umrühren der Masse und Schütteln am Pfannenstiel garen. Die Masse in eine Ecke der Pfanne zusammenschieben, auf eine vorgewärmte Platte stürzen, in der Mitte der Länge nach einschneiden. Die Schnittkanten etwas auseinanderdrücken, mit gedünstetem Rosenkohl (ggf. Tiefkühlkost verwenden) füllen, die Soße darübergießen. Dazu passen magerer Räucherspeck, roher oder gekochter Schinken, außerdem grüner oder Tomatensalat.

Salate – frisch und pikant

Wir leben in einem Zeitalter der Salate. Die Ernährungswissenschaftler plädieren für regelmäßige Salatspeisen aus Frischgemüse und frischen Früchten, weil auf diese Weise die Versorgung des Körpers mit wichtigen Aufbaustoffen sichergestellt werden kann. Die Feinschmecker erfinden immer neue, raffinierte Kombinationen – es gibt kaum ein Nahrungsmittel, das sich nicht »versalaten« läßt.

In der schnellen Küche sind Salate besonders beliebt, weil sie keine langen Zubereitungszeiten erfordern. Fleisch-, Fisch-, Obst- und Gemüsekonserven erlauben die Salatbereitung im Handumdrehen. Während das Hauptgericht kocht oder brutzelt, kann man sich mit der Salatbereitung befassen. Von den folgenden Vorschlägen lassen sich alle Rezepte mit Zutaten aus der Dose selbstverständlich auch mit frischem Obst, Gemüse usw. verwirklichen – nur dauert es dann doppelt oder dreifach so lange. Es empfiehlt sich, den Kochvorgang auf den Abend vorher zu verlegen. Und noch ein Tip: Eine Reihe von

Salaten gibt es fix und fertig zubereitet als Voll- oder Halbkonserve, beispielsweise Rote-Rüben-Salat, Paprikasalat mit Tomaten oder Ochsenmaulsalat. Gurkensalat ist im Angebot von Tiefkühlkost zu finden; man legt ihn unaufgetaut in die Salatsoße, muß allerdings eine Auftauzeit von drei bis vier Stunden einkalkulieren.

Salate mit gekochten Zutaten Seite 81, Fischsalate Seite 85, Obstsalate Seite 87.

Grüner Salat mit Abwandlungen (Kopfsalat) (10)

(40 Kalorien / 167 Joule)

1 bis 2 Köpfe Salat, Salatsoße.

Welke Blätter entfernen, die frischen Blätter vom Strunk lösen, nach Belieben teilen, waschen, ausschwenken und mit einer der folgenden Salatsoßen anrichten:

1. Salatöl, Zitronensaft oder Essig, Salz, gehackte Kräuter.
2. Saure Sahne, Zitronensaft, Salz, nach Belieben Zucker, gehackte Kräuter.
3. Mayonnaise nach Belieben mit Sahne verrührt, gehackte Kräuter.
4. Saure Sahne, Öl, Zitronensaft, Tomatenmark, Paprika, Salz oder Selleriesalz, nach Belieben gehackte Zwiebel.
5. Saure Sahne, Zitronensaft, Salz, Zucker, Nußmus oder gemahlene Nüsse.
6. Öl, Essig, Tomatenketchup, Salz, Pfeffer, Zucker.

Chicoréesalat (10)

(251 Kalorien / 1051 Joule)

150 g Chicorée, Zitronensaft, Salz, Öl, 1 Prise Zucker.

Chicoréekolben waschen, die bitteren Keile mit spitzem Messer ausschneiden, nach Belieben der Länge nach fein schneiden oder quer in dünne Scheiben schneiden, mit dem angegebenen Zutaten anmachen.

Abwandlungen:

1. 1 kleinen mürben Apfel schälen, fein schneiden und mit den Chicoréestreifchen vermengen,
2. statt dessen Mandarinenspalten verwenden,
3. Chicoréestreifchen sternförmig auf einer Platte anrichten, in der Mitte mit Apfelsinenscheiben belegen, mit Sahnejoghurt überfüllen und mit blättrig geschnittenen Haselnußkernen bestreuen.

Tomatensalat (20)

(262 Kalorien / 1097 Joule)

200 bis 250 g Tomaten, Essig oder Zitronensaft, Öl, Salz, Pfeffer, 1/2 gehackte oder feingeschnittene Zwiebel, gehackte Kräuter der Jahreszeit.

Tomaten waschen, in Scheiben schneiden, mit Salatsoße aus Essig, Öl, Salz, Pfeffer und Zwiebel vermengen, gehackte Kräuter darüberstreuen. *Abwandlung:* Streifen von Paprikaschoten und (oder) dünne Scheiben von Salatgurken mit den Tomaten vermengen, den Salat mit sahne-verdünnter Mayonnaise anmachen.

Gurkensalat (10)

(158 Kalorien / 661 Joule)

1 kleine Salatgurke, Salatsoße aus Öl, Essig, Salz, Pfeffer und gehacktem Borretsch (Gurkenkraut).

Gurke von der Spitze zum Stiel schälen, Frühgurken können ungeschält verarbeitet werden. Möglichst fein hobeln, mit der Soße vermengen und sofort auftragen.

Paprikasalat (10)
(144 Kalorien / 603 Joule)

125 g Paprikaschoten, 1/2 kleine Zwiebel, Salatsoße aus Essig, Öl, Salz und gehackten Kräutern der Jahreszeit.

Paprikaschoten halbieren und sorgfältig entkernen, in feine Streifchen schneiden, mit Salatsoße vermengen. Nach Belieben die halbierten und entkernten Schoten vor dem Zerschneiden kurz mit heißem Wasser überbrühen, sofort abgießen.

Sauerkrautsalat (10)
(156 Kalorien / 653 Joule)

Sauerkraut bei Bedarf etwas ausdrücken (bei Dosensauerkraut überflüssig) und beliebig schneiden oder auseinanderzupfen. Mit gehackten Zwiebeln, Öl, wenig Essig, Salz, Pfeffer und Senf anmachen und mit einem Schuß Sekt verfeinern.

Abwandlungen:

1. saure Sahne, geriebene Äpfel, Zitronensaft und eine Prise Zucker verwenden,
2. Sauerkraut mit Mayonnaise und geriebenen Haselnüssen anmachen,
3. nach Abwandlung 1) zubereiteten Salat in gedünsteten Paprikaschoten anrichten, mit Sahnequark und Paprikapuder garnieren.

Rotkohlfrischkost (20)
(151 Kalorien / 632 Joule)

200 g Rotkohl, Essig oder Zitronensaft, Öl, Salz, gehackte Zwiebel, gehackter Kümmel.

Rotkohl möglichst klein schneiden, nach Belieben mürbe stampfen (Fleischklopfhammer), die übrigen Zutaten zu Salatsoße verrühren und mit dem Kohl mischen.

Alice-Salat (20)

Zu gleichen Teilen Endiviensalat oder Chicorée, Paprikaschoten oder Auberginen, Äpfel, Apfelsinen, Grapefruit und (nach Belieben) Tomaten in Streifchen, Würfel oder Scheiben schneiden. Mayonnaise mit Dosenmilch oder Sahne verrühren, beliebig abschmecken und den Salat damit anmachen.

Hansa-Salat (30)

(370 Kalorien / 1549 Joule)

100 g Reis, 1 bis 2 Tomaten, 1/2 Grapefruit, Salatsoße aus Öl, Zitronensaft, Paprika und Salz.

Reis körnig kochen, abschrecken und auskühlen lassen (oder Rest verwenden), dann mit der aus den angegebenen Zutaten verrührten Salatsoße vermengen. Grapefruitfleisch auslösen und fein würfeln, Tomaten nach Belieben abziehen (zuvor in heißes Wasser tauchen) und ebenfalls in feine Würfel schneiden, mit dem Reis mischen. Den Salat mit Paprika und Salz abschmecken, mit Zitronen- oder Tomatenscheiben zu Toast und Butter reichen.

Selleriefrischkost (30)

(242 Kalorien / 1013 Joule)

1 mittelgroße Sellerieknolle, Salatsoße aus Öl, Zitronensaft, Salz und 1 Prise Zucker, 1 Eßlöffel Walnußkerne.

Sellerie schälen und fein raffeln, mit Salatsoße anmachen, 15 Minuten ziehen lassen, mit halbierten Walnußkernen belegt anrichten.

Sahnerettich (30)

(100 Kalorien / 419 Joule)

1 bis 2 Sommerrettiche, Salz, saure Sahne.

Rettiche waschen und abstehende Wurzelfasern wegschaben, zu möglichst dünnen Scheiben hobeln, vorsichtig einsalzen, 20 Minuten ziehen lassen, leicht ausdrücken und mit Sahne anmachen.

Vitaminplatte (30)

Beliebige frische Salate in Einzelschälchen oder auf einer Platte auf gutgewaschenen, grünen Salatblättern anrichten und als Vorspeise oder zum Hauptgericht reichen. An Salaten kommen beispielsweise in Frage: Chicoréesalat, Tomatensalat, Gurkensalat (Seite 78), Sahnerettich, Rotkohl- (Seite 79) oder Selleriefrischkost, Paprikasalat (Seite 79), und Pußtasalat (Seite 87).

Salate mit gekochten Zutaten

Kartoffelsalat (10)

(275 Kalorien / 1151 Joule)

350 g Pellkartoffeln, 1/2 Zwiebel, Salatsoße aus Essig, Öl, Salz und Pfeffer.

Kartoffeln abpellen, in dünne Scheiben schneiden, mit Salatsoße (Zwiebeln fein würfeln, hacken oder reiben) anmachen. *Abwandlungen:* Statt der vorgesehenen Salatsoße sahne-verdünnte oder mit Quark und etwas Dosenmilch verrührte Mayonnaise verwenden.

Spargelsalat (10)
(180 Kalorien / 753 Joule)

1/2 Dose Brechspargel, 1 Eigelb, Salz, 2 Eßlöffel Öl, Zitronensaft, Spargelwasser, etwas Zucker.

Spargel auf dem Sieb abtropfen lassen, Marinadezutaten miteinander verrühren, den Spargel hineingeben und gut durchziehen lassen. In einer mit grünen Salatblättern ausgelegten Glasschüssel anrichten, mit gehackter Petersilie oder Tomatenscheiben garnieren.

Einfacher Gemüsesalat (10)
(196 Kalorien / 820 Joule)

1/2 Dose Brechbohnen, Sellerie, Blumenkohl oder Rosenkohl, Salatsoße aus 2 Eßlöffel Öl, 2 Eßlöffel Essig, 4 bis 6 Eßlöffel Gemüsewasser, etwas Salz, 1 Prise Zucker, etwas Pfeffer, gehackte Zwiebel.

Gemüse gut abtropfen lassen, Marinadezutaten sorgfältig miteinander verrühren, gehackte Zwiebel nach Geschmack hineingeben, mit dem Gemüse vermischen. Salat auf einer Glasplatte oder in einer Schüssel anrichten, nach Belieben mit gehackter Petersilie garnieren.

Feiner Gemüsesalat (10)
(338 Kalorien / 1415 Joule)

Je 1 Tasse Brechbohnen, junge Erbsen, geschnittene Karotten und Blumenkohl aus der Dose (oder in leicht gesalzenem Wasser gegart), ca. 65 g Mayonnaise, 2 Eßlöffel Dosenmilch, Essig oder Zitrone, Zucker, Salz.

Gemüse gut abtropfen lassen. Mayonnaise mit den Marinadezutaten vermischen, vorsichtig unter das Gemüse heben, gut durchziehen lassen. Den Salat auf grünen Salatblättern anrichten.

Eiersalat (10)

(281 Kalorien / 1176 Joule)

2 bis 3 Eier, 1 Kopf Salat, 2 Tomaten, Öl, Essig, Salz, Pfeffer, Chilisoße, nach Belieben Knoblauch, Schnittlauch.

Eier 10 Minuten kochen, abschrecken, schälen und in Scheiben schneiden. Salat waschen und fein schneiden, Tomaten in Achtel schneiden. 2 Teile Öl mit 1 Teil Essig verrühren und mit Salz und Pfeffer abschmecken, die Soße nach Belieben mit Knoblauchsaft oder -salz, gehacktem Schnittlauch und Chilisoße pikanter machen. Kurz vor dem Anrichten Eierscheiben, Salat und Tomaten vorsichtig mit der Salatsoße vermischen.

Fleischsalat (20)

(421 Kalorien / 1762 Joule)

Je ca. 80 g gekochter Schinken und Mortadella, 1 hartgekochtes Ei, 1 kleine Gewürzgurke, 1/2 Apfel, Salatsoße aus 65 g Mayonnaise, 3 bis 4 Eßlöffel Brühe oder Wasser, Zitronensaft, Salz, 1 Prise Zucker; nach Belieben 1 bis 2 Teelöffel gehackte Kapern.

Schinken und Wurst feinwürflig oder -streifig schneiden, Ei und Gurke hacken, Apfel feinwürflig schneiden. Salatsoße gut verrühren, mit den übrigen Zutaten vermengen. Mit Tomatenscheiben und Petersilie garniert anrichten. Dazu Toast und Butter.

Geflügelsalat (20)

(423 Kalorien / 1771 Joule)

150 bis 200 g gares Geflügelfleisch (Dose, Rest), 1 kleine Dose Champignons, 1 kleine Dose Spargelabschnitte, knapp 1 Tasse Dosenerbsen, Salatsoße aus 50 g Mayonnaise, Saft je einer halben Zitrone und Apfelsine, Salz, 1 Prise Zucker, 1 feingeschnittener Apfel.

Geflügelfleisch in Würfel und Champignons in feine Scheiben schneiden, mit Spargelabschnitten (nach Belieben noch kleiner schneiden), Erbsen und Apfel vermischen und die sorgfältig verrührte Salatsoße damit vermengen. Nach Belieben mit Orangenscheiben oder Mandarinenspalten, Mayonnaisetupfen und Petersiliensträußchen verzieren. Dazu Toast und Butter.

Wurstsalat (20)

(474 Kalorien / 1984 Joule)

200 g Jagdwurst, 1 kleine Zwiebel, Öl, Essig, Salz, Pfeffer, nach Belieben Senf.

Wurst abziehen und in feine Würfel oder Streifen schneiden. Zwiebel hacken und mit den übrigen Zutaten zu Salatsoße verrühren. Die Wurstwürfel darin ziehen lassen. Zu Butterbrot und Bier reichen.

Antjes Wurstsalat (20)

(583 Kalorien / 2440 Joule)

200 g Frischwurst (2 verschiedene Sorten mit abweichender Geschmacksrichtung), 2 bis 3 feste Tomaten, 2 Delikateßgurken, 65 g Mayonnaise, Salz, Pfeffer, Essig, Streuwürze.

Wurst enthäuten, in feine Streifchen schneiden. Tomaten in Achtel schneiden, Gurken fein würfeln. Mayonnaise mit etwas Milch oder Wasser verdünnen, mit Salz, Pfeffer und Essig abschmecken, vorsichtig mit den Salatzutaten vermengen, mit Streuwürze nachwürzen. Dazu Weißbrot mit Butter oder Toast.

Fischsalate

Norwegischer Heringssalat (10)
(561 Kalorien / 2348 Joule)

3 bis 4 gewässerte Heringsfilets, ca. 1/3 Dose grüne Bohnen, 1 kleine Zwiebel, 2 Teelöffel Öl, Soßenwürze, Essig, Pfeffer, gehackte Kräuter, 1 Tomate.

Heringsfilets und Bohnen in Streifchen schneiden, Zwiebelwürfel dazugeben, mit Öl vermengen, mit Soßenwürze, Essig und Pfeffer würzen, in einer Schüssel anrichten, mit gehackten Kräutern bestreut servieren, Tomatenachtel als Garnitur verwenden.

Krebssalat (20)
(128 Kalorien / 536 Joule)

1 kleine Dose Krebsfleisch, 1 kleine Dose Champignons, Salatsoße aus Champignonsaft, Zitronensaft, Öl, Salz, 1 Prise Zucker.

Krebsfleisch von Schalenresten befreien, abtropfen, mit den feingeschnittenen Champignons vermischen und mit der gutverrührten Salatsoße vermengen. Mit Eierscheiben und Mayonnaise auf Salatblättern anrichten. Dazu Toast und Butter.

Krabbensalat (20)
(274 Kalorien / 1147 Joule)

1 kleine Dose Krabben, 1 Apfel, 50 g Mayonnaise, 1 Eßlöffel Dosenmilch, 1 Teelöffel Tomatenmark, Salz, Zucker, Paprika, Curry, Zitronensaft, gehackte Petersilie.

Krabben wässern und abtropfen lassen, Äpfel schälen, in dünne Scheiben schneiden oder würfeln, mit den Krabben vermengen. Die übrigen Zutaten zu einer pikant abgeschmeckten Salatsoße verarbeiten, über Krabben und Apfelscheiben gießen, mit Petersilie bestreuen.

Kieler Salat (20)

(876 Kalorien / 3667 Joule)

125 g Makkaroni, 200 g Räucherfisch (z. B. Rotbarsch), 1 gekochte Mohrrübe (Rest), 1 Gewürzgurke, 1 Schalotte, Essig, Salz, Pfeffer, Streuwürze, ca. 125 g Mayonnaise.

Makkaroni in leicht gesalzenem Wasser garen, abschrecken, abtropfen lassen und in 2 cm lange Stücke schneiden. Räucherfisch häuten, entgräten und in Stückchen zerpflücken. Mohrrübe und Gurke in Scheibchen schneiden. Zutaten locker miteinander vermischen, mit geriebener Zwiebel, Essig, Salz, Pfeffer und Streuwürze pikant abschmecken. Mayonnaise unterheben oder gesondert reichen. Mit knusprigen Brötchen und einem kühlen Bier zu Tisch geben.

Dänischer Fischsalat (20)

(150 Kalorien / 628 Joule)

1 Dose Ölsardinen, Zitronensaft, 1 bis 2 Eßlöffel saure Sahne, Salz, 1/2 Apfel, 1 Senfgurke, 1 gedünstete Karotte.

Abgetropfte Sardinen der Länge nach teilen, Hauptgräte herausziehen, die Hälften mit Zitronensaft beträufeln, mit Sahne begießen, leicht salzen und etwas ziehen lassen. Apfel fein hacken oder raffeln, mit der feingehackten Senfgurke und der in Scheiben geschnittenen Karotte vermengen und vorsichtig mit den marinierten Sardinen mischen. Nach Belieben nachsalzen. Mit Zitronenscheiben garniert anrichten.

Thunfischsalat (20)
(581 Kalorien / 2432 Joule)

1 kleine Dose Thunfisch, 1 hartgekochtes Ei, Salatsoße aus 65 g Mayonnaise, knapp 1 Eßlöffel Dosenmilch, 1 Eßlöffel Zitronensaft, Salz, 1 Prise Zucker, 1 feingehackte Zwiebel.

Thunfisch zerpflücken oder hacken, das Ei hacken. Mayonnaise mit den übrigen Zutaten zu einer Salatsoße verrühren und mit Thunfisch und Ei vermengen oder gesondert reichen. Den fertigen Salat mit gehackter Petersilie bestreut anrichten. Dazu frischen Toast und Butter reichen.

Obstsalate

Pußtasalat (10)
(166 Kalorien / 695 Joule)

Je 1 Apfelsine, Banane und Paprikaschote, Salatsoße aus süßer Sahne, Zitronensaft, Öl, Salz und Pfeffer.

Portionsteller mit grünen Salatblättern auslegen. Darauf abwechselnd Apfelsinen- und Bananenscheiben und gestiftelte Paprikaschoten (roh oder kurz überbrüht) legen. Mit Salatsoße überziehen oder die Soße getrennt reichen.

Hawaiisalat (10)
(172 Kalorien / 720 Joule)

$^1/_2$ Dose Ananasscheiben, $^1/_2$ Dose Obstsalat, Zitronensaft, 1 bis 2 Eßlöffel Weinbrand, gehackte Mandeln, nach Belieben einige Kirschen aus der Dose als Garnitur.

Obstsalat mit Zitronensaft und Weinbrand abschmecken. Ananasscheiben auf eine Platte legen, mit Obstsalathäufchen besetzen und nach Belieben mit Kirschen garnieren. Gut gekühlt servieren. Bei Zeitmangel die Dosen vorkühlen.

Gemischter Obstsalat (40)

Früchte der Jahreszeit in Streifen, Stückchen oder Scheiben schneiden, leicht zuckern, mit Zitronensaft beträufeln, ziehen lassen und kühl servieren. Nach Belieben mit gehackten Hasel- oder Walnüssen und einem Schuß Maraschino, Rum, Kirschwasser oder Weinbrand verfeinern. Geeignete Früchte sind u. a.: Mandarinen, Apfelsinen, Bananen, Äpfel, Birnen, Weintrauben, Mirabellen, Kirschen und Aprikosen. (Schneller geht es, wenn man Dosenobst zu diesem Salat verwendet.)

Fleisch – gebraten und geschmort

Die Fleischzubereitung setzt dem Bemühen um eine zeitsparende Küche ernste Widerstände entgegen. Ein ausgewachsener Braten braucht nun einmal seine anderthalb bis zwei Stunden oder mehr, und im kleinen Haushalt lohnt es sich meist sowieso nicht, ein größeres Stück Fleisch in die Pfanne zu legen. Nicht viel anders ist es mit dem Kochfleisch. Also bleibt nichts anderes übrig als herber Verzicht auf »richtiges Fleisch« und weise Beschränkung auf Würstchen und noch einmal Würstchen? Nein, dem ist keinesfalls so, obwohl gegen ein gelegentliches Würstchengericht durchaus nichts eingewendet werden soll.

Es gibt eine ganze Menge ausgewachsener Fleischspeisen, die sich auch für den kleinen Haushalt lohnen und dazu auch noch zeitsparend zubereitet werden können. Die folgenden Seiten bringen zahlreiche Beispiele dafür, wie man Abwechslung in die schnelle Fleischküche bringen kann. Überdies kann man auch hier auf Fleisch oder Fertiggerichte aus der Dose zurückgreifen, wenn es besonders eilt. Viele dieser vorfabrizierten Speisen sind zwar schon gewürzt, aber es schadet gar nichts, wenn man sie mit einschlägigen Mitteln nach seinem Geschmack abwandelt oder verfeinert. Eine Spur Gewürz, ein Ei, etwas Sahne, eine Prise Reibkäse oder ein Schuß Wein können manchmal Wunder wirken.

Bei der Verwendung von tiefgefrorenem Fleisch muß man die Auftauzeit berücksichtigen. Am besten besorgt man es am Tag vorher und läßt es über Nacht im Kühlschrank auftauen. Legt man es dabei in eine Schale mit Öl, kann man beim Braten auf weitere Fettzugabe verzichten.

Filetsteaks mit Kräuterbutter (10)
(607 Kalorien / 2541 Joule)

Gut abgehangene Steaks vorsichtig klopfen, wieder zusammenschieben und wie Rumpsteaks (Seite 92) braten. Zur Kräuterbutter ca. 60 g Butter schaumig rühren, 1 gestrichenen Eßlöffel gehackte Kräuter damit vermengen, abkühlen lassen (am besten am Abend vorher zubereiten). Auf jedes Steak beim Anrichten eine Scheibe Kräuterbutter legen. Dazu passen Pommes frites und feine Gemüse.

Kalbshirn gebraten (10)
(278 Kalorien / 1164 Joule)

1 bis 2 Kalbshirne, Essig, Mehl, Butter zum Braten, Salz, Pfeffer.

Das gutgewässerte Kalbshirn mit leichtem, heißem Essigwasser übergießen, abziehen und von den Äderchen befreien, in Scheiben schneiden, in Mehl wenden und in heißer Butter von beiden Seiten goldbraun braten, dann salzen und pfeffern. Zu Weißbrot oder Toast servieren, grünen Salat oder einen anderen frischen Salat dazu reichen.

Schinkensteaks (10)
(572 Kalorien / 2394 Joule)

2 Scheiben roher Schinken (200 bis 250 g), Senf, Butter.

Fingerdicke Schinkenscheiben mit Senf bestreichen, in der Pfanne in heißer Butter von beiden Seiten goldgelb braten.

Dazu passen Kartoffelbrei oder Bratkartoffeln und Salat, nach Belieben auch Meerrettichsoße, geriebener oder geraspelter Meerrettich.

Lebergulasch (10)

(301 Kalorien / 1260 Joule)

1 große Zwiebel, 250 g Rinder- oder Schweineleber, Bratfett, Mehl, $^{3}/_{8}$ l Brühe oder Wasser, 1 Teelöffel Tomatenmark, Paprika, Zitronensaft, saure Sahne oder Dosenmilch, Majoran, Salz.

Zwiebel würflig schneiden, in Bratfett hellbraun braten, die in Würfel geschnittene Leber dazugeben und weiterbraten, bis sie grau ist. Mit Mehl bestäuben, Brühe oder Wasser aufgießen, 2 Minuten kochen lassen, mit Tomatenmark, Paprika, Zitronensaft, Majoran und Salz abschmecken und mit Sahne oder Dosenmilch verfeinern. Dazu paßt Reis oder Kartoffelbrei.

Leber auf Berliner Art (10)

(366 Kalorien / 1532 Joule)

200 bis 250 g Schweine- oder Rinderleber, Salz, Pfeffer, Mehl, 1 Zwiebel, 1 Apfel, Bratfett, Butter.

Leber in Scheiben schneiden, mit Salz und Pfeffer einreiben und in Mehl wenden. In heißem Bratfett in der Pfanne bei mittlerer Hitze von beiden Seiten bräunen. Zwiebel in Scheiben schneiden, Apfel schälen, vom Kerngehäuse befreien, ebenfalls in Scheiben schneiden und beides gesondert in Butter braten. Die angerichtete Leber damit garnieren. Dazu Kartoffelbrei reichen.

Pökelzunge in Rotwein (10)
(437 Kalorien / 1829 Joule)

200 bis 250 g Pökelzunge, 20 g Fett, $^{1}/_{2}$ kleine Zwiebel, 20 g Mehl, knapp $^{1}/_{4}$ l Brühe, 1 Eßlöffel Kapern, 4 Eßlöffel Rotwein, Salz, Zitronensaft.

Fett und Mehl lichtgelb anrösten, geschnittene Zwiebel zugeben, kurz mitrösten, mit Brühe aufgießen, kräftig durchkochen, Kapern hineingeben, mit Rotwein, Salz und Zitronensaft (Rotwein darf nicht mitkochen) abschmecken. In Scheiben geschnittene Pökelzunge in der Soße heiß werden lassen. Mit kleinen Kartoffelklößen zu Tisch geben.

Bratwurst in Bier (20)
(669 Kalorien / 2800 Joule)

2 Bratwürste, Bratfett, $^{1}/_{4}$ l Bier (nach Belieben mit Wasser verdünnt), 1 Teelöffel Speisestärke, Salz, 1 Prise Zucker, Zitronensaft.

Bratwürste kurz in kochendes Wasser tauchen, in heißem Fett von allen Seiten goldbraun braten. Würstchen aus der Pfanne nehmen, das Bratfett mit Bier löschen, die Brühe mit kalt angerührter Speisestärke binden, mit Salz, Zucker und Zitronensaft abschmecken. Bratwürste 5 bis 7 Minuten in der Soße ziehen lassen. Dazu Kartoffelbrei (bei Zeitmangel aus Kartoffelpüreemehl hergestellt) und Rotkohl (bei Zeitmangel aus der Dose) reichen. Ein Glas Bier paßt gut zu diesem Gericht aus der Berliner Küche.

Wiener Schnitzel (20)
(421 Kalorien / 1762 Joule)

2 Kalbsschnitzel, 1 Ei, Mehl, Semmelmehl, Salz, Pfeffer, Bratfett, Zitronenachtel.

Schnitzel waschen und vorsichtig klopfen, salzen und pfeffern, zuerst in Mehl, dann in verklopftem Ei und zuletzt in Semmelmehl wenden, in der Pfanne in reichlich heißem Fett von beiden Seiten goldbraun backen, ohne Soße anrichten, mit Zitronenachteln reichen. Dazu Salzkartoffeln, beliebiger frischer Salat, feine Gemüse.

Rumpsteaks mit Meerrettich (20)

(491 Kalorien / 2055 Joule)

2 *Rumpsteaks, Salz, Pfeffer, Bratfett, Butter, geraspelter Meerrettich.*

Rumpsteaks klopfen, wieder in Form bringen, mit Salz und Pfeffer würzen, in heißem Fett von beiden Seiten anbraten, in Butter fertigbraten, mit Meerrettich belegt anrichten. Dazu Pommes frites aus der Tiefkühltruhe, in heißem Fett schwimmend ausgebacken oder in der Pfanne fertig gebraten, Leipziger Allerlei aus der Dose, erhitzt und mit einem Stich Butter verfeinert, oder (nach Belieben) Brühreis (Seite 145).

Paprikaschnitzel (20)

(312 Kalorien / 1306 Joule)

2 *Kalbsschnitzel,* 1 *kleine Zwiebel, Bratfett, Paprika, saure Sahne, nach Belieben etwas Mehl.*

Schnitzel waschen und vorsichtig klopfen, leicht salzen. Zwiebel in Scheiben oder Würfel schneiden, in heißem Fett goldgelb braten, mit Paprika bestreuen, die Schnitzel dazugeben und zugedeckt bei mäßiger Hitze gar braten, zwischendurch wenden. Die fertigen Schnitzel mit Sahne begießen, den Bratensatz damit verrühren, nach Belieben leicht mit Mehl binden, abschmecken. Zu Kartoffelbrei, Teigwaren oder Reis reichen. Außerdem passen Tomaten-, Paprika- oder grüner Salat gut dazu.

Schweinekoteletts paniert (20)
(777 Kalorien / 3253 Joule)

2 Schweinekoteletts, Salz, Pfeffer, Mehl, 1 Ei, Semmelmehl, Bratfett.

Koteletts vorsichtig klopfen, salzen und pfeffern in Mehl, dann in geklopftem Ei und in Semmelmehl wenden, in heißem Fett in der Pfanne von beiden Seiten goldbraun braten. Schmecken auch kalt ausgezeichnet.

Schweinekoteletts vom Grill (20)
(592 Kalorien / 2478 Joule)

2 Schweinekoteletts, Salz, Pfeffer, Öl.

Koteletts leicht klopfen, mit Salz und Pfeffer würzen, beiderseits mit Öl bestreichen und im vorgeheizten Grill in 8 bis 10 Minuten von beiden Seiten garen. Mit feinem Gemüse, Salzkartoffeln oder Kartoffelbrei und frischem Salat reichen.

Hammelkoteletts (20)
(610 Kalorien / 2553 Joule)

2 bis 4 Hammelkoteletts, Salz, Pfeffer, Zitronensaft, Tabascosoße, 1 kleine Zwiebel, Bratfett.

Koteletts von überschüssigem Fett befreien, waschen, klopfen, mit Salz und Pfeffer einreiben und in heißem Fett in der Pfanne von beiden Seiten hellbraun braten. Die Koteletts auf eine vorgewärmte Platte legen, mit Zitronensaft und (sparsam) mit Tabascosoße beträufeln, im heißen Fett die gewürfelte Zwiebel bräunen und über die Koteletts geben. Dazu passen Prinzeßbohnen (aus der Dose, mit etwas Butter verfeinert), grüner oder Tomatensalat.

Geschnetzeltes Kalbfleisch (20)

(295 Kalorien / 1235 Joule)

250 g Kalbfleisch, Bratfett, 10 g Mehl, $^{1}/_{8}$ l Würfelbrühe, Salz, gehackte Petersilie, Streuwürze.

Fleisch von Haut und Sehnen befreien, in dünne Scheiben oder Streifen schneiden, in heißem Fett anbräunen, nach 3 bis 4 Minuten mit Mehl bestäuben, 1 Minute weiterrösten, auffüllen und gut durchkochen. Mit Salz und Streuwürze abschmecken, vom Feuer nehmen, mit Petersilie bestreuen und zu Spätzle, Reis, Bandnudeln oder Kartoffelbrei reichen. Dazu paßt grüner Salat oder Tomatensalat.

Minutenfleisch (20)

(253 Kalorien / 1059 Joule)

250 g Kalbslende, Salz, Butter, 30 g Mehl, 2 Teelöffel Tomatenmark, 4 Eßlöffel saure Sahne, Zitronensaft, Suppenwürze.

Fleisch in kleine Würfel schneiden, salzen, in heißer Butter in der Pfanne braun anbraten. Mit Mehl bestäuben, gut durchrühren. Tomatenmark mit Sahne verrühren, mit dem Fleisch vermengen, kurz durchschmoren, mit Zitronensaft und Suppenwürze abschmecken. Zu körnig gekochtem Reis, Teigwaren oder auch Toast reichen. Dazu paßt jeder beliebige frische Salat.

Haschee aus Fleischresten (20)

(378 Kalorien / 1582 Joule)

200 bis 250 g gekochtes oder gebratenes Rindfleisch (oder andere Fleischreste), 20 g Fett, 20 g Mehl, 1 Zwiebel, $^{1}/_{4}$ l Würfelbrühe, Salz, Pfeffer, knapp 1 Eßlöffel Essig.

Fleisch durch den Fleischwolf drehen oder fein hacken. Fett und Mehl unter Rühren hellbraun rösten, die geschnittene

Zwiebel dazugeben, kurze Zeit mitrösten, dann mit Brühe auffüllen, 10 Minuten gut durchkochen. Soße mit Salz, Pfeffer und Essig abschmecken, das Fleisch darin heiß werden lassen. Zu Kartoffelbrei und grünem Salat reichen.

Frikadellen (20)
(522 Kalorien / 2185 Joule)

200 g Hackfleisch (gemischt), 1 altbackene Semmel, $^{1}/_{2}$ kleine Zwiebel, 1 Ei, Salz, Pfeffer, Bratfett.

Fleisch mit der eingeweichten und gut ausgedrückten Semmel, der feingehackten Zwiebel und den Gewürzen verkneten, flache Bratlinge formen und in heißem Fett in der Pfanne auf beiden Seiten bräunen. Wenn Soße dazu gewünscht wird, Bratensatz mit etwas Wasser oder Brühe loskochen, mit Mehl oder Speisestärke binden, mit Salz, Pfeffer und Tomatenmark abschmecken. Frikadellen zu Bratkartoffeln, Kartoffelbrei (mit dazu passendem Salat) oder auf einer Scheibe Weißbrot reichen. Reste kalt als Brotbelag verwenden, nach Belieben gleich eine etwas größere Menge auf Vorrat braten.

Bratklopse mit Tomatensoße (20)
(697 Kalorien / 2918 Joule)

250 g gemischtes Hackfleisch, 1 altbackene Semmel, 1 kleine Zwiebel, 1 Ei, 1 Päckchen Tomatensoße, Bratfett, Salz, Pfeffer.

Hackfleisch mit der eingeweichten, gut ausgedrückten Semmel, Ei, gehackter Zwiebel, Salz und Pfeffer zu einem nicht zu lockeren Fleischteig verarbeiten, runde Klopse formen und in heißem Fett durchbraten. Tomatensoße nach Anweisung zubereiten, aber etwas weniger Wasser als vorgeschrieben verwenden. Zu den Klopsen reichen. Dazu passen Kartoffeln, Reis, Teigwaren und ein frischer Salat. *Abwandlung:* Klopse nicht braten, sondern in die Tomatensoße legen, aufkochen und gar ziehen lassen.

Fleischklößchen in Currysoße (20)

(593 Kalorien / 2482 Joule)

200 bis 250 g gemischtes Hackfleisch, 1 Ei, 1 altbackene Semmel, 1 Päckchen Currysoße, Salz, Muskatnuß, Petersilie.

Hackfleisch mit der eingeweichten, gut ausgedrückten Semmel, Salz, Ei, geriebener Muskatnuß und gehackter Petersilie zu festem Fleischteig verarbeiten, bei Bedarf etwas Semmelmehl zugeben. Mit angefeuchteten Händen Klößchen formen. Currysoße nach Anweisung (etwas weniger Wasser verwenden!) zubereiten, die Klößchen hineinlegen, kurz aufkochen und gar ziehen lassen. Nach Belieben mit etwas Sahne verfeinern. Dazu passen Kartoffeln, Reis oder Teigwaren und frischer Salat.

Schweinswürstchen pikant (20)

(546 Kalorien / 2286 Joule)

Pro Person 2 bis 4 Schweinswürstchen braten und mit pikanten Beigaben reichen: Mayonnaise mit feingeschnittenen Paprikaschoten und gehackten Kräutern; Würfelchen von Sellerie, Zwiebel, Gewürzgurke und Tomate; Scheibchen von gefüllten Oliven; Tomatenketchup, mit Silberzwiebeln garniert. Dazu knusprige Brötchen, nach Belieben auch Senf reichen.

Serbische Fleischwürstchen (Cevapcici) (20)

(580 Kalorien / 2428 Joule)

Je 125 g Rinder- und Schweinefleisch, Salz, Pfeffer, Paprika, etwas geriebener Knoblauch, Tabascosoße, 1 Ei, bei Bedarf etwas Semmelmehl, Öl zum Braten.

Hackfleisch mit Ei verkneten, den Fleischteig mit Knoblauch, Salz, Pfeffer, Paprika und Tabascosoße pikant abschmecken. Wenn der Teig zu weich ausfällt, etwas Semmelmehl hineinkneten. Kleine Würstchen formen, mit Öl bestreichen, im

Ofen oder Grill bei kräftiger Hitze von allen Seite bräunen. Mit gehackten Zwiebeln, Tomatenketchup und Weißbrot oder als Beilage zu Sauerkraut reichen. Auch zu Reis und Tomatensalat.

Schinken in Burgunder (20)

(394 Kalorien / 1649 Joule)

2 Päckchen Bratensoße, etwas Rotwein, Sahne oder Dosenmilch, 2 Scheiben gekochter Schinken (ca. 200 g).

Bratensoße nach Anweisung zubereiten, mit Rotwein und Sahne oder Dosenmilch verfeinern. Schinkenscheiben in der Soße heiß werden lassen, nicht zum Kochen bringen. Dazu Teigwaren, Kartoffeln, Reis und in Butter geschwenkte Gemüse (nach Belieben aus der Dose) oder Salat.

Rehsteaks (20)

(620 Kalorien / 2595 Joule)

250 g Rehrücken (frisch oder aus der Tiefkühltruhe), Speckstreifen zum Spicken, Pfeffer, Salz, Bratfett, 20 g Mehl, 20 g Butter, Tomatenketchup, Essig, Suppenwürze, Weißwein, 1 Eßlöffel saure Sahne.

Rehrücken enthäuten, Fleisch auslösen (tiefgefrorenes Rehfleisch über Nacht im Kühlschrank auftauen lassen), in Scheiben schneiden, spicken (oder mit Speckscheiben belegen), salzen, pfeffern und in heißem Fett in der Pfanne von beiden Seiten rasch durchbraten, so daß das Fleisch innen zartrosa bleibt. Steaks warm stellen. Zur Soße Mehl in Butter nußbraun rösten, mit Ketchup verrühren und mit Weißwein ablöschen. Mit Essig, Suppenwürze und Weißwein abschmecken, bei Bedarf etwas mit Wasser verdünnen. 10 Minuten gut durchkochen, dann vom Feuer nehmen und die Sahne hineinrühren. Soße zu den Rehsteaks gesondert reichen, dazu Kartoffelklöße, Kartoffelbrei oder Teigwaren. Nach Belieben die Rehsteaks mit Mandarinenspalten und Ananasecken garnieren.

Cheeseburgers (30)
(469 Kalorien / 1963 Joule)

250 g Rinderhackfleisch, 1 Zwiebel, 1 Eßlöffel Tomaten-Chutney, Salz, Pfeffer, Bratfett, 1 große Semmel (oder 1 kleines Weißbrot), Butter, Mayonnaise, Tomatenpaprika, Chester-Schmelzkäse.

Hackfleisch mit feingeschnittener Zwiebel, Tomaten-Chutney, Salz und Pfeffer vermischen, 3 bis 6 Bällchen formen und bei mäßiger Hitze 6 bis 8 Minuten braten. Semmel der Länge nach halbieren, etwas aushöhlen, mit der Schnittseite in Butter anrösten. Innen mit Mayonnaise bestreichen und mit Tomatenpaprika belegen. Die gebratenen Bällchen daraufsetzen, mit halbierten Schmelzkäsescheiben bedecken und kurz im Ofen überbacken, bis der Käse zu schmelzen beginnt. Zu grünem Salat oder mit einer anderen frischen Beilage reichen.

Nierenragout (30)
(368 Kalorien / 1540 Joule)

250 g Schweinenieren, Rotwein, 75 g Räucherspeck, 1 Zwiebel, 20 bis 30 g Mehl, 1/4 l Fleischbrühe (Würfel), Zitronensaft, Salz, Pfeffer, nach Belieben Thymian.

Nieren am Abend zuvor waschen, vom meisten Fett befreien, in Rotwein legen. Am nächsten Tag herausnehmen, abtrocknen, nach dem Entfernen der Harnstränge in Würfel schneiden. Gewürfelten Speck und feingeschnittene Zwiebeln anbraten, die Nierenstücke dazugeben und anschmoren. Mit Mehl überstäuben, durchrösten, Fleischbrühe angießen und 15 bis 20 Minuten bei mittlerer Hitze dünsten. Soße mit Rotwein, Zitronensaft und den angegebenen Gewürzen pikant abschmecken. Dazu Salzkartoffeln, Kartoffelbrei, Reis oder Teigwaren, außerdem frischen Salat (Kopf-, Tomaten-, Sellerie-, Rote-Rüben- oder Sauerkrautsalat) reichen.

Szegediner Gulasch (40)
(183 Kalorien / 766 Joule)

30 g Räucherspeck, 1 mittelgroße Zwiebel, 125 g Weinkraut (Dose), 1 Eßlöffel Tomatenmark, $^1/_8$ l Brühe oder Wasser, 1 kleine Dose Gulasch, Salz, Pfeffer, Paprika, 1 Prise Zucker, 1 Eßlöffel saure Sahne oder Dosenmilch.

Speck würflig schneiden, Zwiebel in Scheiben schneiden, beides im Topf kräftig anbraten. Weinkraut etwas zerschneiden, Tomatenmark mit Brühe oder Wasser verrühren, beides zu Speck und Zwiebeln in den Topf geben, zudecken und das Kraut bei mittlerer Hitze gar werden lassen. Inhalt der Gulaschdose dazugeben, mit Salz, Pfeffer, Paprika und Zucker abschmecken, mit Sahne oder Dosenmilch verfeinern. Dazu Reis oder Salzkartoffeln und grünen Salat oder Paprikasalat reichen.

Sülze mit Petersilienkartoffeln (40)
(429 Kalorien / 1769 Joule)

Junge kleine Kartoffeln, Butter, gehackte Petersilie, ca. 250 g Sülze, 65 g Mayonnaise, 1 Teelöffel Senf, 1 geriebene Schalotte, gehackte Kräuter, nach Belieben 3 bis 4 Eßlöffel Sahne

Kartoffeln in der Schale kochen, heiß schälen und in heißer Butter schwenken, mit gehackter Petersilie bestreuen. Während des Kochvorgangs Mayonnaise (nach Belieben mit Sahne verrührt) mit Senf, Schalotte und Kräutern zur Remouladensoße umwandeln. In Scheiben geschnittene Sülze (fertig gekauft) beliebig mit Petersiliensträußchen und Radieschenrosen garnieren, mit der Soße und den Petersilienkartoffeln zu Tisch geben.

Kalbsgulasch (60)
(518 Kalorien / 2168 Joule)

125 g Zwiebeln, 40 g Schweinefett, 1 Eßlöffel Tomatenmark, etwas geriebener Knoblauch, 250 bis 300 g Kalbfleisch, ca. 1 gestrichener Teelöffel Rosenpaprika, Kümmel, etwas Zitronenschale, Salz, 1 bis 2 Eßlöffel saure Sahne.

Zwiebeln in Scheiben schneiden, in heißem Fett im Topf goldbraun anrösten, in Würfel geschnittenes Fleisch, Knoblauch und Tomatenmark dazugeben, kräftig umrühren. Fleisch mit Paprika bestreuen, ganz kurz weiterrösten, dann mit Wasser oder Brühe ablöschen. Im geschlossenen Topf schmoren, bis das Fleisch gar ist, dann etwas Kümmel hineingeben, salzen und Zitronenschale hineinlegen. Mit Sahne legieren, bei Bedarf noch etwas Wasser zugeben, mit Salz und Paprika abschmecken. Nicht mit Mehl binden! Zu Salzkartoffeln, Reis, Teigwaren oder Semmelknödeln reichen. *Abwandlung:* Schweinefleisch verwenden, etwas weniger Bratfett nehmen (etwa gleiche Zubereitungszeit). Bei Rindfleisch erhöht sich die Zubereitungsdauer auf etwa die doppelte Zeit. *Verfeinerung:* Gulasch mit Rotwein abschmecken.

Kalbsvögel im Nest (60)
(633 Kalorien / 2650 Joule)

2 dünne Scheiben Kalbfleisch (ca. 250 g), 40 g Räucherspeck in dünnen Scheiben, 2 hartgekochte Eier, Mehl, Butter, $^{1}/_{4}$ l Fleischbrühe, Kartoffelbrei aus $^{1}/_{2}$ Paket Kartoffelpüreemehl, $^{1}/_{8}$ l saure Sahne, Salz, Pfeffer, Streuwürze.

Fleischscheiben flach klopfen, mit Speck belegen, in jede ein Ei einwickeln, mit Hölzchen oder Fäden zusammenhalten, in Mehl wenden, in heißer Butter bräunen. Brühe angießen, die Rollen gar schmoren. Unterdessen nach Vorschrift Kartoffelbrei bereiten, in eine gefettete Form füllen, etwas zurückbehaltenen Brei als Rand darauf spritzen, mit Butter beträufeln und im Ofen oder unter dem Grill leicht bräunen. Die fertigen Kalbsvögel quer halbieren und in das Kartoffelnest setzen. Satz im Schmortopf auffüllen. Knapp 1 Eßlöffel Mehl mit Sahne verquirlen, die Soße damit binden, gut durchkochen, mit Salz und Pfeffer und Streuwürze abschmecken. Kalbsvögel mit der Soße und frischem Salat reichen.

Kalbsfrikassee (60)
(431 Kalorien / 1804 Joule)

250 g Kalbfleisch, 1 Nelke, 1 Lorbeerblatt, Suppengrün, etwas Salz, 20 g Butter, 20 g Mehl, 1 Teelöffel Kapern, 1 Eßlöffel Weißwein, 1 Eigelb, nach Belieben Champignons, Erbsen, Mohrrübenscheiben und Spargelstücke (Reste).

Kalbfleisch würflig schneiden, mit Gewürzen und Suppengrün in leicht gesalzenes kochendes Wasser geben, das Fleisch bei mittlerer Hitze in etwa 25 bis 30 Minuten garen, die Brühe abgießen und kalt werden lassen, gut $^1/_4$ l davon abmessen. Aus Butter und Mehl helle Einbrenne herstellen, mit Brühe auffüllen, 10 Minuten durchkochen, das Fleisch wieder hineingeben, Kapern und Weißwein hinzufügen, nach Belieben garen, geschnittene Champignons, zarte Erbsen, Mohrrübenscheiben und Spargelstückchen in der Soße erhitzen, den Topf vom Feuer nehmen und das Frikassee mit verquirltem Eigelb abziehen. Mit Reis oder im Reisrand anrichten.

Schweinefiletbraten (60)
(802 Kalorien / 3357 Joule)

1 Schweinefilet (ca. 500 g), Salz, 30 g Butter, 80 g Räucherspeck in Scheiben, 1 kleine Zwiebel, 3 Eßlöffel saure Sahne oder Dosenmilch.

Fleisch waschen, enthäuten und von überschüssigem Fett befreien, salzen, mit Butter bestreichen und mit Speckscheiben belegen. Im Ofen in etwa 30 bis 40 Minuten braten, dabei nach etwa 10 Minuten etwas heißes Wasser in die Bratenpfanne geben. Grob zerschnittene Zwiebel nach Ablauf der halben Bratzeit in die Pfanne legen. Den garen Braten herausnehmen, Bratensatz mit Wasser oder Brühe loskochen, abschmecken, mit Sahne oder Dosenmilch verfeinern und nach Belieben mit Mehl oder Speisestärke leicht binden. Mit beliebigem Gemüse, Salat und Kartoffeln zu Tisch geben. Bratenrest kalt aufschneiden und als Brotbelag verwenden.

Jung und zart: Geflügel

Jung und zart muß es sein, sonst bringt das Geflügel in der Schnellküche kein Glück. Steinalte Suppenhühner belasten den Zeitetat des Kleinhaushalts über Gebühr, deshalb wird man auf sie ebenso verzichten müssen wie auf gewichtige Gänse und Puten.
Das Hähnchen ist Trumpf; standardisiert und unter feststehender Handelsmarke angeboten, lädt es der Hausfrau ohne Zeit kein Risiko auf. Je jünger der Vogel, desto besser!
Mast- oder Brathähnchen im Alter von 8 bis 14 Wochen lassen sich am schnellsten zubereiten – fettarm im Grillgerät, deftiger im Bratofen, saftig und pikant in Verbindung mit gutgewürzten Soßen. Tiefgefrorenes Geflügel gibt es auch in Portionsstücken, die man am besten übere Nacht auftauen läßt. Gewaltsame Schnellauftauversuche von ganzem Geflügel, etwa mit Hilfe von heißem Wasser, sind nicht empfehlenswert. Portionsgeflügel kann man antauen, bis sich die Teile voneinander trennen. Dann darf man den Brat- oder Schmorvorgang sofort beginnen.
Verschiedene Geflügelarten werden auch, von den Knochen befreit, in Dosen angeboten: Brüsseler Poularde mit Bratensoße, Masthuhnfleisch in Bouillon oder Huhn in Aspik, von den köstlichen Gänseleberpasteten oder der geräucherten Gänsebrust ganz zu schweigen.

Geflügelleber in Sahne (10)
(261 Kalorien / 1093 Joule)

200 g Geflügelleber, $^1/_2$ Zwiebel, Butter oder Bratfett, etwas Mehl, Salz, Würfelbrühe, gehackte Petersilie, 2 Eßlöffel Sahne.

Geflügelleber von Sehnen und Haut befreien, nach Belieben zerschneiden. Zwiebeln fein schneiden, in Bratfett oder Butter goldgelb anbraten, Leber dazugeben, unter Umrühren anrösten, salzen, mit Mehl bestäuben, mit wenig Brühe auffüllen, gehackte Petersilie und Sahne dazugeben, nochmals abschmecken. Zu Kartoffelbrei und grünem Salat reichen. *Abwandlung:* Noch weniger Brühe verwenden und Soße sämig eindicken. Ein Omelett (Seite 76) bereiten und mit der Geflügelleber füllen, grünen Salat oder Tomatensalat dazu reichen.

Grillhähnchen mit Steinpilzen (20)
(318 Kalorien / 1331 Joule)

1 fertig gegrilltes Hähnchen, $^1/_2$ Dose Steinpilze, Butter, Zitronensaft, Salz, Pfeffer, 1 kleine Paprikaschote, Fleischextrakt, Tomatenketchup, knapp $^1/_8$ l saure Sahne.

Das Hähnchen halbieren (oder gleich in der Grillstube halbieren lassen), leicht mit Butter bestreichen und im Backofen warm stellen. Steinpilze nach Belieben zerschneiden, leicht in Butter dünsten, in sehr dünne Streifen geschnittene Paprikaschote mitdünsten, die Mischung mit Zitronensaft beträufeln, salzen, pfeffern, mit Fleischextrakt und wenig Ketchup würzen und mit Sahne vermischen. Die Hähnchenhälften damit überziehen, mit Bratkartoffeln oder Weißbrot und frischem Salat zu Tisch geben.

Geflügelfleisch in Ausbackteig (20)

(564 Kalorien / 2361 Joule)

Hühner- oder Putenfleisch aus der Dose (oder ein Rest von gebratenem oder gekochtem Geflügel), 125 g Mehl, 1 Ei, knapp 1/8 l Bier, 1 Teelöffel Öl, geriebener Muskat.

Geflügelfleisch in möglichst großen, zusammenhängenden Stücken von den Knochen lösen. Übrige Zutaten zu einem nicht zu flüssigen Ausbackteig verarbeiten, die Fleischstücke hindurchziehen und in heißem Fett schwimmend goldbraun backen. Dazu grünen Salat und Salzkartoffeln oder Brot reichen.

Gefüllte Tauben (40)

(538 Kalorien / 2252 Joule)

2 junge Tauben, Bratfett, etwas Brühe, 1 Teelöffel Speisestärke, Salz, 2 Eßlöffel saure Sahne. Zum Füllen: *Salz, Pfeffer, Muskat, 1 altbackene Semmel, 1 Ei, 50 g Räucherspeck, gehackte Petersilie.*

Tauben vorbereiten. Semmel einweichen und gut ausdrücken, mit Ei, feingewürfeltem Speck und Petersilie zur Füllung verkneten, feingehackte Taubenlebern und -herzen dazugeben, mit Salz, Pfeffer und Muskat abschmecken. Die Tauben damit füllen, zunähen, mit heißem Bratfett begießen und im Ofen bräunen. Brühe angießen, die Tauben gar braten, den Bratensatz mit etwas Wasser loskochen, mit kalt angerührter Speisestärke binden, abschmecken und die Sahne hineinrühren, kurz aufkochen. Mit jungen Gemüsen oder Salat und Kartoffeln reichen.

Pikante Tauben (40)
(170 Kalorien / 712 Joule)

2 junge Tauben, Bratfett, 1 bis 2 Schalotten, 30 g Champignons aus der Dose oder $^{1}/_{2}$ Päckchen geweichte Steinpilze, etwas Estragon und Petersilie, Weißwein, Suppenwürze, 1 Teelöffel Speisestärke, Salz, Paprika.

Tauben vorbereiten, in heißem Fett von allen Seiten leicht bräunen, geschnittene Schalotten, Pilze, Estragon und Petersilie dazugeben, wenig Brühe oder Wasser zugießen und die Tauben garen. Bratensatz mit Weißwein auffüllen, mit Suppenwürze, Salz und Paprika abschmecken, nach Belieben mit kalt angerührter Speisestärke binden, kurz aufkochen. Mit gebutterten Gemüsen (frisch oder aus der Dose) anrichten, dazu Petersilienkartoffeln (Seite 130) reichen.

Hähnchen auf Teufelsart (40)
(464 Kalorien / 1942 Joule)

1 bratfertiges Hähnchen, scharfer Senf, Paprika, Semmelmehl, Öl oder Fett zum Braten.

Das Hähnchen vorbereiten, halbieren und die beiden Hälften mit dem Fleischklopfer vorsichtig flach klopfen, dann dünn mit Senf bestreichen. Paprika mit Semmelmehl vermischen, die Hähnchenhälften darin wenden, so daß alle Stellen paniert sind, und in reichlich, nicht zu heißem Öl oder Fett braten.

Paprikahähnchen (40)
(394 Kalorien / 1649 Joule)

1 bratfertiges Hähnchen, Butter, 1 Zwiebel, etwas Knoblauch, Salz, Paprika, $^{1}/_{4}$ l Brühe oder Wasser, $^{1}/_{8}$ l saure Sahne, 1 Teelöffel Speisestärke.

Hähnchen waschen und in vier Teile zerschneiden, in Butter mit feingewürfelter Zwiebel, geriebenem Knoblauch (nach Belieben) und Salz andünsten, mit Paprika bestäuben und Brühe auffüllen. Das Hähnchen gar dünsten, Speisestärke mit Sahne verrühren, die Soße damit verrühren, kurz aufkochen, abschmecken. Mit Zitronenachteln und Reis anrichten, nach Belieben auch mit Teigwaren zu Tisch geben. Dazu paßt jeder frische Salat.

Wiener Backhendl (40)

(474 Kalorien / 1984 Joule)

1 bratfertiges Hähnchen, Salz, Paprika, Mehl, 1 Ei, Semmelmehl, Backfett oder Öl.

Hähnchen in Viertel oder Achtel zerteilen, dabei nach Möglichkeit von den Knochen befreien, mit Salz und Paprika einreiben, in Mehl, verquirltem Ei und Semmelmehl wälzen, in der Pfanne in reichlich heißem Fett oder Öl schwimmend goldbraun ausbacken. Dazu grüner Salat.

Gefülltes Brathähnchen (60)

(604 Kalorien / 2528 Joule)

Hähnchen bereiten, wie bei Rezept »Gefüllte Tauben« (Seite 104) beschrieben. Nach Belieben auch gewürfelte Pellkartoffeln, mit Salz, Butterflöckchen und feingehacktem Magen und Herz vermengt, als Füllung verwenden.

Hähnchen vom Grill (60)

(291 Kalorien / 1218 Joule)

1 Hähnchen, Salz, Paprika, Petersilie, Butterschmalz zum Bestreichen.

Hähnchen vorbereiten, innen und außen mit Salz und Paprika einreiben, ein Sträußen Petersilie hineinlegen. Auf den Grillspieß stecken, Flügel und Beine festbinden, mit zerlassenem

Butterschmalz bestreichen, im vorgeheizten Grill 40 bis 45 Minuten grillen, zwischendurch mehrmals mit Butterschmalz bestreichen. Das fertige Hähnchen zu Weißbrot und Salat reichen, mit jungen Gemüsen anrichten oder Pfirsiche aus der Dose, drei Minuten mit gegrillt und mit eingemachtem rotem Paprika belegt, dazu anbieten.

Hähnchenfrikassee (60)

(479 Kalorien / 2005 Joule)

1 bratfertiges Hähnchen, Butter zum Braten, etwas Mehl, gut $^{1}/_{4}$ l Brühe oder Wasser, Suppengemüse (Petersilienwurzel, Mohrrübe, Selleriestückchen, Zwiebel, Petersilie), 1 kleine Dose Champignons, $^{1}/_{2}$ Dose Spargelköpfe, 1 Eigelb, 2 Eßlöffel Sahne, 1 Teelöffel Speisestärke, Zitronensaft, Salz, nach Belieben Krebsschwänze aus der Dose.

Hähnchen waschen und in acht Teile schneiden, in Butter von allen Seiten leicht andünsten, aber nicht bräunen. Mit Mehl bestäuben, Brühe angießen, das Suppengemüse sowie Herz und Magen des Hähnchens dazugeben und das Fleisch garen. Brühe abgießen, Sahne mit Speisestärke verrühren, die Brühe damit binden, kurz aufkochen, vom Feuer nehmen, das verquirlte Eigelb hineinrühren, mit Zitronensaft und Salz abschmecken. Fleisch in die Soße legen, außerdem das geschnittene Suppengemüse, soweit es verwendbar ist, die ganzen Champignons, Spargelköpfe und (nach Belieben) Krebsschwänze in der Soße heiß werden lassen, mit Fleurons anrichten. *Abwandlung:* Soße mit 1 bis 2 Teelöffel Kapern pikanter machen, mit Weißwein abschmecken.

Ente vom Grill (60)

(579 Kalorien / 2424 Joule)

1 kleine Ente, 1 Sträußchen Beifuß, Öl, Pfeffer, Salz.

Ente vorbereiten, salzen und pfeffern, Beifuß hineinlegen, auf den Grillspieß schieben, festklammern, Beine und Flügel festbinden. Mit Öl bestreichen, 40 bis 60 Minuten grillen, dabei noch einige Male mit Öl bestreichen. Zu Curryreis reichen, nach Belieben mit Mandarinenspalten oder Apfelsinenscheiben garnieren.

Abwechslung in der Fischküche

See- und Süßwasserfische sind wie geschaffen für die eilige Küche:
Auch der festeste Fisch ist spätestens in einer halben Stunde tischfertig, wenn man nicht gerade auf eine komplizierte Soße Wert legt oder für die Beilagen mehr Zeit braucht als für das Hauptgericht.
Neben Milch gehört der Fisch überdies zu den preiswertesten Eiweißträgern. Braucht man noch mehr Argumente für den Fisch? Daß er bei richtiger Zubereitung eine Delikatesse ist, muß wohl nicht besonders betont werden.
Neben zahlreichen frisch angebotenen Fischsorten gibt es auch in Portionen geteilten Fisch aus der Tiefkühltruhe. Er braucht nicht vollständig aufgetaut zu werden, bevor er in die Pfanne wandert. Es genügt, die Packung zu öffnen und den Fischblock unter fließendem kaltem Wasser antauen zu lassen, bis sich die Filetstücke ablösen lassen. Dann legt man sie nach dem Säuern und Salzen, das bei der Zubereitung keiner Fischart vergessen werden darf, sofort in das heiße Fett oder die leise brodelnde Soße.
Fischvoll- und -halbkonserven (Präserven), ebenso Schalen- und Krustentiere in Dosen, tragen dazu bei, die warme und noch mehr die kalte Küche (Seite 170) abwechslungsreich zu gestalten. Die einmal geöffnete Dose sollte so schnell wie möglich verbraucht werden, ihr Inhalt hält sich auch im Kühlschrank nicht länger als 4 bis 6 Tage. Halbkonserven sind auch geschlossen nicht unbegrenzt haltbar – je früher man sie verbraucht, desto eher hat man die Garantie für Frische. Frischen Fisch bewahrt man im Kühlschrank nach Möglichkeit auf Eis auf.
Höchste Aufbewahrungsdauer: 2 bis 3 Tage.

Bücklingskartoffeln (10)
(458 Kalorien / 1917 Joule)

Gekochte Kartoffeln (Rest), Bratfett, Salz, 1 bis 2 Bücklinge.

Kartoffeln in Scheiben schneiden, salzen und zu Bratkartoffeln verarbeiten. Kurz vor der Fertigstellung entgrätetes und zerpflücktes Bücklingsfleisch mitbraten. Dazu grünen Salat oder Tomatensalat.

Pfannfisch (10) (Resteverwertung)
(278 Kalorien / 1164 Joule)

1 kleine Zwiebel, Bratfett, 200 bis 300 g gekochter Fisch (Rest), 100 bis 200 g gekochte Kartoffeln (Rest), Salz, Senf.

Zwiebel fein hacken oder reiben, in der Pfanne in heißem Fett goldgelb andünsten, in dünne Scheiben geschnittene Kartoffeln und zerpflückten Fisch dazugeben, mit wenig Senf und Salz mild abschmecken. Dazu einen frischen Salat (Tomaten, Gurken o. ä.) reichen.

Gebackene Schollenfilets (20)
(273 Kalorien / 1143 Joule)

1 Tiefkühlpackung Schollenfilets, Salz, Zitronensaft, Mehl, 1 Ei, Semmelmehl, Butter zum Backen, Zitronenachtel.

Filets kurz antauen lassen, bis sie voneinander gelöst werden können, mit Zitronensaft beträufeln, salzen, in Mehl, verquirltem Ei und Semmelmehl wenden, in der Pfanne in heißer Butter von beiden Seiten goldgelb backen. Dazu nach Belieben Salzkartoffeln, Kartoffelsalat mit Ei- und Tomatenscheiben und Gurken reichen, die Schollenfilets mit Zitronenachteln zu Tisch geben. *Abwandlung:* Filets nicht panieren, sondern nur in Mehl wenden und in heißer Butter goldgelb backen.

Fischfilet auf Jägerart (20)
(361 Kalorien / 1511 Joule)

400 bis 500 g Fischfilet, Salz, Zitronensaft, gehackte Petersilie, Mehl, Butter zum Braten, 1 Päckchen Jägersoße.

Filet waschen, abtropfen lassen, mit Zitronensaft beträufeln, vorsichtig salzen, mit Petersilie bestreuen und etwas ziehen lassen. Jägersoße nach Anweisung zubereiten, nach Belieben mit feingeschnittenen Champignons oder Pfifferlingen aus der Dose verfeinern. Fischfilet in Mehl wenden, von beiden Seiten in der Pfanne in heißer Butter braun braten, mit der Soße zu grünem Salat reichen. *Abwandlung:* Tomaten- oder Currysoße verwenden.

Karibische Fischschnitte (20)
(435 Kalorien / 1821 Joule)

500 g Fischfilet, Salz, Zitronensaft, 2 Glas Weißwein, 2 bis 4 Tomaten, 1 bis 2 Bananen, Butter, 1 Eßlöffel Tomatenmark, 1 Teelöffel Speisestärke, gehackter Dill, Streuwürze.

Fischfilet säubern, salzen und mit Zitronensaft beträufeln, in eine feuerfeste Form legen, mit Weißwein begießen, mit Pergamentpapier bedecken und im Ofen in etwa 15 Minuten gar dünsten. Tomaten halbieren, mit Butter bestreichen und auf einem Teller gesondert im Ofen überbraten. Fischsud abgießen, mit Tomatenmark verrühren, mit kalt angerührter Speisestärke binden, kurz aufkochen, mit gehacktem Dill, Salz, Zitronensaft und Streuwürze abschmecken, zum Fisch reichen, mit gebratenen Tomaten und Bananen zu Tisch geben.

Schneller Soßenfisch (20)

(282 Kalorien / 1180 Joule)

400 g Fischfilet, Zitronensaft, Salz, 1 Päckchen Soße (Tomaten-, Jäger-, Pilz- oder mit Senf, Meerrettich oder Kräutern verfeinerte helle Delikateßsoße), nach Belieben 2 Eßlöffel Sahne.

Fischfilet säubern, in beliebige Stückchen teilen, salzen und mit Zitronensaft beträufeln, etwas ziehen lassen. Unterdessen Soße nach Vorschrift zubereiten, den Fisch darin gar ziehen lassen, mit Sahne verfeinern, abschmecken. Zu Reis oder Salzkartoffeln reichen, dazu grüner Salat oder Tomatensalat.

Fischrouladen (20)

(464 Kalorien / 1942 Joule)

2 dünne Scheiben Rotbarschfilet (ca. 350 g), 50 g durchwachsener Speck, 1 kleine Zwiebel, Salz, Zitronensaft, 1 Gewürzgurke, 1 Päckchen Tomatensoße.

Fisch säubern, säuern und salzen, mit Gurkenstreifchen, Zwiebel- und Speckwürfeln belegen, zusammenrollen und mit Rouladenklammern oder Holzspießchen festhalten. Tomatensoße nach Vorschrift zubereiten, aber etwas weniger Wasser nehmen. Die Rouladen in eine feuerfeste Form legen, mit Soße begießen und zugedeckt bei schwacher Hitze in etwa 15 Minuten gar ziehen lassen. Zu grünem Salat und Salzkartoffeln reichen.

Fischfrikassee (20)

(438 Kalorien / 1833 Joule)

500 g Seefischfilet, 40 g Fett, 30 g Mehl, $^1/_8$ l Milch, $^1/_8$ l Brühe, Zitronensaft, Salz, 1 Teelöffel Kapern.

Fett und Mehl zu heller Mehlschwitze verarbeiten, mit Brühe und Milch auffüllen, Kapern hineingeben, mit Zitronensaft und Salz (nach Belieben auch mit etwas Weißwein) abschmecken. Fisch säubern, säuern und salzen, in beliebige Stücke schneiden, in etwa 15 Minuten bei mittlerer Hitze in der Soße gar ziehen lassen. Dazu Salzkartoffeln oder Reis reichen.

Heringsfilet mit grünen Bohnen (20)

(663 Kalorien / 2775 Joule)

4 gewässerte Heringsfilets, 2 Zwiebeln, 1/2 Dose grüne Bohnen, 40 g magerer Räucherspeck, Streuwürze, Pfeffer.

Heringsfilets der Länge nach zerteilen, gut kühlen (oder auf Eiswürfeln anrichten), mit Zwiebelringen belegen. Speck- und Zwiebelwürfel andünsten. Bohnen erhitzen, abtropfen lassen, zu den Speck- und Zwiebelwürfeln geben, mit Pfeffer und Streuwürze abschmecken. Bohnen und Heringsfilets gesondert reichen, dazu junge Pellkartoffeln.

Grüne Heringe gebraten (20)

(893 Kalorien / 3738 Joule)

2 bis 4 grüne Heringe, Streuwürze, Zitronensaft, 40 g Mehl, 40 g Fett, gehackte Petersilie, nach Belieben 1 kleines Glas Sardellenfilets, etwas Butter.

Heringe putzen, schuppen, waschen, mit Zitronensaft beträufeln und mit Streuwürze bestreuen, in Mehl wenden und in heißem Fett von beiden Seiten gar braten. Auf einer vorgewärmten Platte anrichten, mit gehackter Petersilie bestreuen. Nach Belieben Sardellenfilets in Butter anbraten und über die Heringe legen. Zu Kartoffelsalat reichen.

Tiroler Heringsfilets (30)

(1035 Kalorien / 4333 Joule)

2 bis 4 grüne Heringe, 100 g Mehl, 1 Ei, $^{1}/_{8}$ l Wasser, 2 Teelöffel Öl, Salz, Pfeffer, 2 Eßlöffel Weißwein, 65 g Mayonnaise, $^{1}/_{2}$ Eßlöffel Tomatenmark, $^{1}/_{2}$ kleine Zwiebel, Petersilie, Zucker.

Heringe ausnehmen, säubern, der Länge nach halbieren, entgräten und die Filets quer halbieren, dann säuern und salzen. Aus Mehl, Ei, Wasser und Öl einen mit Salz und Pfeffer abgeschmeckten dickflüssigen Teig zubereiten, die leicht abgetrockneten Filetstücke hindurchziehen, in heißem Fett von beiden Seiten mittelbraun backen (10 bis 15 Minuten). Mayonnaise mit Wein verrühren, mit Tomatenmark, gehackter Zwiebel und feingehackter Petersilie verrühren, mit Salz und Zucker abschmecken und gesondert zum Fisch reichen. Dazu passen Pellkartoffeln und beliebiger frischer Salat.

Gebratene Lachsschnitten (30)

(427 Kalorien / 1787 Joule)

300 bis 400 g Lachs in Schnitten, Salz, Pfeffer, Zitronensaft, Butter zum Braten und als Beigabe gehackte Petersilie.

Lachsschnitten salzen, pfeffern, mit Zitronensaft beträufeln und etwas ziehen lassen, dann abtrocknen, in der Pfanne in heißer Butter von beiden Seiten gar, aber nicht zu braun braten. Etwa 80 g Butter schaumig rühren, mit Salz, Pfeffer, Zitronensaft und reichlich gehackter Petersilie vermischen, abkühlen lassen, in Scheibchen geschnitten zum Lachs reichen.

Seefisch mit Senfsoße (30)

(639 Kalorien / 2675 Joule)

Ca. 500 g Seefisch im Stück, Zitronensaft oder Essig, Salz, $^{1}/_{4}$ l Brühe, 1 Glas Weißwein. – Zur Soße: *1 Teelöffel Speisestärke. 1 bis 2 Eier, 50 g Butter, scharfer Senf, 1 Prise Zucker, bei Bedarf etwas Weißwein, 50 g süße Sahne.*

Fisch sorgfältig säubern, mit Zitronensaft oder Essig beträufeln, salzen, in einer flachen Form mit Brühe und Wein begießen, im Bratofen zugedeckt gar dünsten. Knapp 1/4 l Fischsud passieren, mit kalt angerührter Speisestärke binden, kurz aufkochen, verquirlte Eier hineinrühren, im heißen Wasserbad dicklich schlagen, nach und nach Butter in kleinen Flocken dazugeben, kräftig mit Senf abschmecken, wenig Zucker und bei Bedarf etwas Weißwein hineinrühren. Nach Belieben die Soße kurz vor dem Anrichten mit ungesüßter geschlagener Sahne verfeinern. *Abwandlung:* 1 Päckchen helle Delikateßsoße nach Vorschrift zubereiten, mit Senf, Salz und etwas Butter verrühren.

Gedünsteter Dorsch (30)

(460 Kalorien / 1926 Joule)

1 kleiner Dorsch (500 bis 750 g), Essig oder Zitronensaft, Salz, 2 Eßlöffel Öl, 1 bis 2 Zwiebeln, etwas Weißwein, 1 Eßlöffel Tomatenmark, 4 Wacholderbeeren, 2 Scheiben Schmelzkäse, 1 Teelöffel Speisestärke.

Den Fisch gründlich säubern, mit Essig oder Zitronensaft beträufeln, innen und außen salzen, etwas ziehen lassen, mit grob geschnittenen Zwiebeln, Weißwein, Tomatenmark und Wacholderbeeren in das in einer feuerfesten Form erhitzte Öl geben, zudecken und den Fisch auf kleiner Flamme garen. Er ist fertig, wenn sich die Rückenflossen herausziehen lassen. Käsevierecke schneiden, den Fisch damit belegen. Fond mit kalt angerührter Speisestärke binden und abschmecken. Dazu Salzkartoffeln oder kleine Kartoffelklöße (aus Kartoffelknödelmehl) reichen, außerdem grünen Salat und nach Belieben Reibkäse.

Fischfilet überbacken (30)
(528 Kalorien / 2210 Joule)

2 Fischfilets (ca. 400 bis 500 g), Zitronensaft, $^{1}/_{8}$ l Brühe, 1 Glas Weißwein, 20 g Mehl, 20 g Fett, 1 kleine Dose Champignons, 1 Eßlöffel geriebener Käse, Butterflöckchen.

Filets säubern, mit Zitronensaft beträufeln und mit Salz einreiben, in eine gefettete feuerfeste Form legen, Brühe und Wein angießen und den Fisch etwa 5 Minuten andünsten. Fett und Mehl zu heller Mehlschwitze verarbeiten, mit Fischsud und Champignonbrühe auffüllen und zu einer sämigen Soße kochen. Die Soße mit geschnittenen Champignons und Sahne verfeinern, nachwürzen und über die Filets geben. Käse darüberstreuen, Butterflöckchen aufsetzen, im heißen Ofen etwa 7 Minuten überbacken. Dazu grünen Salat oder einen anderen frischen Salat und Brot reichen.

Bunte Kabeljauschnitten (30)
(422 Kalorien / 1766 Joule)

2 Portionsschnitten Kabeljau (ca. 400 g), Salz, Zitronensaft, 1 bis 2 Glas Weißwein, 20 g Mehl, 20 g Fett, 1 Eßlöffel Sahne oder Dosenmilch, 1 Eigelb, 1 kleine Gewürzgurke, 1 kleine Tomate, 1 halbe kleine Paprikaschote, gehackte Petersilie und Dill.

Fischstücke säubern, mit Salz einreiben und mit Zitronensaft beträufeln, Weißwein in eine feuerfeste Form gießen, den Fisch hineinlegen und im vorgeheizten Bratofen zugedeckt gar ziehen lassen. Aus Mehl und Fett eine helle Mehlschwitze zubereiten, mit dem Fischsud auffüllen, mit Dosenmilch oder Sahne und verquirltem Eigelb verfeinern. Gurke in feine Würfel, Tomate und Paprika in Streifchen schneiden, mit Petersilie und Dill in die Soße geben, über die Fischstücke gießen. Dazu Salzkartoffeln und grünen Salat reichen.

Seezunge in Weißwein (30)
(439 Kalorien / 1838 Joule)

1 bis 2 Seezungen (je nach Größe), Zitronensaft, Salz, Pfeffer, Sud aus 4 Eßlöffel Weißwein, etwas Wasser, Salz, 1 kleinen Zwiebel, Pfefferkörnern, 1 Sträußchen Petersilie. – Zur Soße: *1 Teelöffel Speisestärke, 1 bis 2 Eigelb, 40 g Butter, Zitronenachtel.*

Seezungen abziehen und halbieren, säubern, mit Zitronensaft beträufeln, salzen und leicht pfeffern. Sudzutaten erhitzen, den Fisch hineingeben und auf kleiner Flamme gar ziehen lassen. Den abgekühlten Sud passieren, mit kalt angerührter Speisestärke und verquirltem Eigelb verrühren, im heißen Wasserbad dicklich schlagen, nach und nach die Butter dazugeben, mit Salz und Pfeffer abschmecken. Den Fisch mit Zitronenachteln (nach Belieben auch mit Eier- und Tomatenscheiben) garniert anrichten, die Soße gesondert reichen.

Forelle blau (30)
(360 Kalorien / 1507 Joule)

2 frische Forellen, Salz, Zitronensaft, Essig, 1 bis 2 Zwiebeln, Zitronenspalten, Butter, feingehackte Petersilie.

Forellen ausnehmen, vorsichtig innen waschen (Schleim an der Außenseite nicht verletzen, weil er die Blaufärbung erzeugt) und mit Zitronensaft beträufeln, salzen. Kopf und Schwanz zusammenbinden, die Fische auf eine Platte legen und mit verdünntem kochendem Essig übergießen, kurze Zeit in Zugluft stellen. Auf der Platte in den Bratofen schieben, bei mäßiger Hitze 20 bis 35 Minuten dünsten. Die Forelle ist gar, wenn sich die Rückenflosse herausziehen läßt. Fäden entfernen, Forellen mit Zitronenspalten zu Tisch geben. Dazu Petersilienbutter: Butter schaumig rühren, mit feingehackter Petersilie vermischen.

Steinbutt französisch (30)
(573 Kalorien / 2399 Joule)

350 bis 400 g Steinbutt, Zitronensaft, $^{1}/_{8}$ l süße Sahne, geriebener Meerrettich, Salz, Zucker, Zitronensaft, 60 g geriebene Nüsse, Petersilie.

Den Fisch säubern, säuern und salzen, in Portionsstücke zerlegen, bei geringer Wasserzugabe oder im eigenen Saft dämpfen, auf heißer Platte anrichten und mit Petersilie garnieren. Die ungesüßte Sahne steif schlagen, mit Meerrettich, einer Prise Zucker, etwas Salz, Zitronensaft und den geriebenen Nüssen verrühren, gesondert zum Fisch reichen. Dazu passen Pommes frites.

Fischfrikadellen (30)
(485 Kalorien / 2030 Joule)

350 g Seelachsfilet, 30 g Räucherspeck, 1 Zwiebel, 1 altbackene Semmel, Salz, Muskat, Zitronensaft, Petersilie, Bratfett, Semmelmehl.

Fisch säubern, säuern und salzen, in grobe Stücke zerteilen, durch den Fleischwolf drehen. Zwiebel und Speck fein würfeln und in heißem Fett goldgelb anbraten, Semmel einweichen und gut ausdrücken. Fischfleisch mit Zwiebel, Speck, Semmelmasse und Fischmasse zu geschmeidigem Teig verkneten, mit gehackter Petersilie, Salz, Muskat und Zitronensaft würzen, weiterkneten, bis sich der Teig von der Schüssel löst. Frikadellen formen, in Semmelmehl wälzen und in heißem Fett in der Pfanne von beiden Seite bräunen und garen. Mit Salzkartoffeln und Salat zu Tisch geben, nach Belieben Meerrettich- oder Tomatensoße dazu reichen. *Abwandlung:* Aus dem Teig kleine Klopse formen, in Salzwasser oder Brühe gar ziehen lassen, mit Kapern- oder Kräutersoße reichen.

Toasts und Überbackenes

Die Kunst der kleinen Toastgerichte hat sich in den letzten Jahren zu einer eigenen »Küchenrichtung« entwickelt – zum Glück für die eilige und doch nicht anspruchslose Köchin, denn Toastraffinessen aller Art sind schnell zubereitet, wenn man über Backofen oder Grill verfügt, sehen gut aus – das ist für die Gästeküche nicht uninteressant – und schmecken ausgezeichnet. Wer sich einmal damit befaßt hat, wird bald eigene Kombinationen erfinden.
Ein Toastgericht wird zum kompletten kleinen Mittag- oder Abendessen, wenn man vorher eine Suppe reicht und hinterher Obst. Es kann sich um eine selbstgekochte Suppe handeln, ebenso aber auch um eine Suppe aus der Tüte, mit ein paar einfachen Kunstgriffen aufbereitet: Spargelcreme- oder Blumenkohlsuppe verfeinert man mit Butter und Dosenmilch, Ochsenschwanzsuppe mit Rotwein oder Sherry, Gemüsesuppe mit Reibkäse und gehackter Petersilie, klare Fleischsuppe mit gerösteten Weißbrotwürfeln, Schnittlauch und kleingeschnittenen Hartwurstscheiben.
Zurück zum Toast: Backofen oder Grill heizt man vor, während die Brote vorbereitet werden. Im Grill benutzt man immer die Mittelschiene. In der oberen Schiene geht es zwar schneller, das Grillgut wird aber in der kurzen Zeit nicht gleichmäßig »durchgeheizt«; empfindliche Zutaten können außerdem unter der heftigen und direkten Hitze leiden. Wer weder Ofen noch Grill besitzt, kann die meisten Toastgerichte auch in der Pfanne (milde Hitze, Pfanne buttern, Deckel drauf!) zubereiten.

Sprottentoast (10)

(495 Kalorien / 2072 Joule)

2 Scheiben Weißbrot (Toastbrot), Butter, ca. 10 Sprotten oder Ölsardinen, Zitronensaft, 3 Scheiben Schmelzkäse, Paprika.

Weißbrot beiderseits toasten, eine Seite buttern, mit Käse belegen, die Sprotten darauf verteilen und mit Zitronensaft beträufeln. Restliche Käsescheiben in Streifen schneiden, die Sprotten damit verzieren, Paprika zum Garnieren verwenden. 6 bis 8 Minuten im heißen Ofen unter dem Grill überbacken, heiß zu Tisch geben.

Überbackene Tomaten (10)

(222 Kalorien / 929 Joule)

4 große Tomaten, 4 Eßlöffel Ragoût fin (Dose oder Rest), 4 Eigelb, Salz, Pfeffer, Petersilie.

Von den Tomaten Deckel abschneiden, die Tomaten aushöhlen, abtropfen lassen, mit Salz und Pfeffer würzen, zu $^{3}/_{4}$ mit heißem Ragout füllen, ein rohes Eigelb aufsetzen, salzen und pfeffern. Die gefüllten Tomaten auf dem Rost im vorgeheizten Ofen oder unter dem Grill 6 bis 8 Minuten überbacken. Mit Toast reichen.

Käseschnitten mit Pfifferlingen (10)

(256 Kalorien / 1072 Joule)

2 Scheiben Schwarzbrot, Butter, 2 Ecken oder Scheiben Schmelzkäse, 1 kleine feingewiegte Zwiebel, Pfeffer, $^{1}/_{2}$ kleine Dose Pfifferlinge, Salz, Petersilie.

Schwarzbrotscheiben buttern, mit Käse bedecken, Zwiebel und Pfeffer darauf streuen, im vorgeheizten Grill oder Backofen (höchste Hitzestufe) erhitzen, bis der Käse zu schmelzen beginnt. Herausnehmen, halbierte und abgetropfte Pfifferlinge auf den weichen Käse legen, leicht salzen (oder die Pilze mit Reibkäse bestreuen), nochmals in den Ofen schieben und die Pilze heiß werden lassen. Mit Petersilie garniert anrichten, nach Belieben leicht gesalzene Tomatenachtel dazu reichen.

Hühnerpastetchen (20)
(467 Kalorien / 1955 Joule)

2 frische Semmeln, 60 g Räucherspeck in dünnen Scheiben, 1 Dose Hühnerragout (oder Rest von beliebigem anderem Ragout oder auch Frikassee), nach Belieben Reibkäse, Curry oder Paprika.

Semmeln halbieren, Krumen so weit wie möglich auslösen (zu Semmelmehl verarbeiten), Inneres der Semmeln nach Belieben buttern, mit Senf ausstreichen oder dünn mit Mayonnaise überziehen, die Speckscheiben anbraten, die Semmeln damit auslegen und mit Ragout füllen. Mit Käse, Curry oder Paprika bestreuen, 5 bis 10 Minuten im Ofen oder unter dem Grill überbacken.

Ragoût fin überbacken (20)
(497 Kalorien / 2080 Joule)

250 g gekochtes Kalbfleisch (am Vorabend kochen oder Rest verwenden), 20 g Mehl, 20 g Butter, gut $^1/_4$ l Kalbs- oder Würfelbrühe, $^1/_2$ kleine Dose Champignons, Salz, Streuwürze, Weißwein, 1 bis 2 Teelöffel Kapern, 1 bis 2 Sardellenfilets, 1 Eigelb, Semmelmehl, Reibkäse, Butterflöckchen, Paprika.

Mehl in Butter hellgelb schwitzen, das gewürfelte Kalbfleisch hineingeben, in Scheiben geschnittene Champignons mit dem Saft hinzufügen, mit Salz, Streuwürze, Weißwein, Kapern und Sardellenfilets (fein schneiden) abschmecken. Eigelb verquirlen und das vom Feuer genommene Ragout damit legieren, in Förmchen füllen, mit Semmelmehl und Reibkäse bestreuen, Butterflöckchen aufsetzen, im Ofen oder Grill überbacken, mit Paprika bestäubt anrichten. Dazu Zitronenachtel und Blätterteigfleurons.
Abwandlungen:
1. Ragoût fin aus der Dose verwenden,

2. das Ragoût fin in fertig gekauften, im Ofen erhitzten Blätterteigpastetchen servieren, dazu Zitronenachtel und Worcestersoße reichen.

Thunfischtoast (20)

(322 Kalorien / 1348 Joule)

2 Scheiben Weißbrot (Toastbrot), $^1/_2$ kleine Dose Thunfisch, (ca. 80 g), Zitronensaft, Salz, etwas Mayonnaise, 1 Tomate, 2 Scheiben Chester-Schmelzkäse, Pfeffer, 1 Scheibe Ananas.

Thunfisch gut abtropfen lassen, zerpflücken, mit Zitronensaft beträufeln und salzen. Weißbrot beiderseits toasten, eine Seite dünn mit Mayonnaise bestreichen. Ananasscheibe halbieren, so daß zwei dünnere Scheiben entstehen, die Mayonnaisetoasts damit belegen. Den Thunfisch darauf verteilen, Tomatenscheiben darauf legen, salzen und pfeffern, mit je einer Scheibe Chester krönen. Die Brote etwa 10 Minuten im vorgeheizten Backofen oder unter dem Grill überbacken, bis der Käse cremig zerfließt.

Krabbentoast (20)

(289 Kalorien / 1210 Joule)

2 Scheiben Weißbrot (Toastbrot), 2 Scheiben Chesterkäse, $^1/_2$ bis 1 kleine Dose Krabben, Butterflocken, gehackte Petersilie, Reibkäse, nach Belieben etwas Mayonnaise.

Weißbrot beiderseits toasten, eine Seite buttern, mit Käse belegen, Krabben darauf verteilen (nach Belieben mit etwas Mayonnaise anmachen), Butterflocken aufsetzen, mit gehackter Petersilie bestreuen, Reibkäse darüberstreuen. Etwa 5 Minuten im Ofen oder unter dem Grill überbacken, heiß zu Tisch geben.

Schinken-Spargel-Toast (20)
(255 Kalorien / 1067 Joule)

2 Scheiben Weißbrot (Toastbrot), Butter, 2 Scheiben Schinken, ca. 100 g Brechspargel aus der Dose (oder Spargelspitzen), 2 Scheiben Edamer Käse, Streuwürze.

Weißbrot beiderseits toasten, auf einer Seite mit Butter bestreichen, mit Schinken belegen, den Spargel gut abtropfen lassen und darauf verteilen, mit Streuwürze würzen und mit Käsescheiben zudecken. Auf dem Blech im heißen Ofen oder unter dem Grill goldgelb überbacken.

Schinkenbananen (20)
(195 Kalorien / 816 Joule)

2 Bananen, 15 g Fett, 2 dünne Scheiben roher Schinken, Streuwürze, Paprika.

Bananen schälen, in heißem Fett in der Pfanne von allen Seiten goldgelb braten, mit Paprika und Streuwürze bestreuen, in Schinkenscheiben wickeln, nach Belieben im Ofen oder unter dem Grill heiß werden lassen, mit grünem Salat anrichten.

Spiegeleitoast (20)
(488 Kalorien / 2043 Joule)

2 Scheiben Weißbrot (Toastbrot), Butter, 2 Scheiben Schmelzkäse 2 große Scheiben Salami, 1 Gewürzgurke, 2 Eier, Salz, Bratfett, Tomatenketchup.

Weißbrot beiderseits toasten, auf einer Seite buttern, mit Käse belegen, darauf eine Salamischeibe anrichten. 2 Spiegeleier braten und auf die Salamischeiben legen, die Ecken mit Gurkenscheiben garnieren, auf jedes Eigelb einen Tupfen Ketchup setzen. Im Ofen oder unter dem Grill nochmals kurz erhitzen und heiß zu Tisch geben.

Champignons auf Toast (20)

(216 Kalorien / 904 Joule)

½ kleine Dose Champignons, ½ Päckchen helle Delikateßsoße, 2 Scheiben Weißbrot (Toastbrot), 1 bis 2 Eßlöffel Reibkäse.

Champignons abtropfen lassen und in Scheiben schneiden. Soße mit Champignonbrühe (Hälfte der vorgeschriebenen Flüssigkeitsmenge nehmen!) zubereiten, Champignons hineingeben und abschmecken. Weißbrot beiderseits toasten oder in der Pfanne anrösten, die Champignons darauf anrichten, dick mit Käse bestreuen und im Ofen oder unter dem Grill überbacken. Mit Zitronenachteln und Worcestersoße zu Tisch geben.

Roqueforttoast (20)

(276 Kalorien / 1155 Joule)

2 Scheiben Weißbrot (Toastbrot), 1 bis 2 kleine säuerliche Äpfel, 1 Eßlöffel Calvados, 2 Scheiben Roquefort (4 mm dick), etwas Butter.

Äpfel schälen, vom Kerngehäuse befreien, raspeln oder raffeln, mit Calvados beträufeln. Brotscheiben beiderseits toasten, auf einer Seite buttern, mit den Äpfeln belegen und mit je einer Käsescheibe zudecken. Auf dem Rost im Ofen oder unter dem Grill überbacken, bis der Käse zu zerlaufen beginnt. Heiß mit Petersiliensträußchen und Tomatenachteln servieren.

Pizza-Toast (20)

(230 Kalorien / 963 Joule)

2 Scheiben Weißbrot, Butter, 1 bis 2 Tomaten, 3 bis 4 Sardellenfilets, 2 Scheiben Emmentaler-Schmelzkäse, 4 gefüllte Oliven.

Weißbrot beiderseits toasten, auf einer Seite buttern, mit dünnen Tomatenscheiben belegen, Sardellenfilets darauf verteilen, mit je einer Scheibe Käse zudecken. Oliven in Scheiben schneiden, auf den Käse legen. 8 bis 10 Minuten im Ofen oder unter dem Grill überbacken, bis der Käse cremig zerläuft.

Tatarschnitte vom Grill (20)
(333 Kalorien / 1394 Joule)

Ca. 100 g Rinderhackfleisch, 1 Ei, geriebene Zwiebel, 1 kleine Gewürzgurke, 1 Teelöffel Kapern, 1 Sardellenfilet, 1 Teelöffel Senf, Salz, Pfeffer, 2 Scheiben Landbrot, 2 Eigelb, etwas Öl.

Hackfleisch mit den übrigen zerkleinerten Zutaten gut vermengen und pikant abschmecken, Brotscheiben dick damit belegen. In die Mitte mit einem Eßlöffel Vertiefungen drücken, Eigelb vorsichtig hineinsetzen, salzen und pfeffern. Tatar mit Öl bestreichen. Auf dem Roast im Ofen oder unter dem Grill 8 bis 10 Minuten überbacken. Mit Salat oder Mixed Pickles zu Tisch geben.

Wandlungsfähige Kartoffel

Die Kartoffel hat viele Gesichter. Sin kann deftig-derb auftreten und knusprig-zart, lieblich-freundlich und rassig-pikant, sie hält sich manchmal als Beigabe bescheiden zurück und behauptet in anderen Rezepten ihre Stellung als vorherrschende Zutat. Wer kann auf die Kartoffel verzichten? In der schnellen Küche gibt sie uns allerdings einige Probleme auf. Sie braucht nun einmal die Zeit, gleichgültig, ob es sich um eine simple Pellkartoffel handelt oder um goldbraune Pommes frites. Man kann diese Schwierigkeit zum Teil dadurch umgehen, daß man beispielsweise Pellkartoffeln am Abend vorher kocht. Die Weiterverarbeitung nimmt dann am Tag danach nur noch wenige Minuten in Anspruch. Noch schneller geht es, wenn man sich an Fertigprodukte wie Kartoffelknödel- und -püreemehl hält. Während das Fleischgericht in der Pfanne schmort, kann man ungestört einen Kartoffelbrei anrühren und quellen lassen. Auch die Tiefkühltruhe hält »vorfabriziert« Kartoffelgerichte bereit – zum Beispiel vorgebackene Pommes frites und Klöße, die nur noch gar ziehen brauchen.

Schnellpüree (10)

(83 Kalorien / 347 Joule)

$^{1}/_{2}$ Päckchen Kartoffelpüreemehl, $^{1}/_{4}$ l Wasser, $^{1}/_{8}$ l Milch, etwas Salz, $^{1}/_{2}$ Eßlöffel Butter.

Wasser mit Milch und Salz zum Kochen bringen (nicht mehr Milch als vorgeschrieben verwenden, da sonst Geschmacksveränderung), die kochende Flüssigkeit in eine Schüssel gießen, Butter darin zergehen lassen. Püreemehl auf einmal in die Flüssigkeit schütten, kurz mit einer Gabel umrühren. Nach Belieben mit geriebenem Muskat würzen, mit gebräunter Zwiebel, brauner Butter oder in Butter gebräuntem Semmelmehl bestreut zu Tisch geben.

Schnelle Kartoffelpuffer (10)

(149 Kalorien / 624 Joule)

$^{1}/_{2}$ Packung Kartoffelknödelmehl, $^{3}/_{8}$ l Wasser, nach Belieben 1 Ei, Salz, geriebene Zwiebel.

Knödelmehl unter kräftigem Umrühren mit dem Schneebesen in kaltes Wasser einrühren, 5 Minuten quellen lassen, nach Belieben Ei hineinrühren, salzen, mit Zwiebel verfeinern. Den apfelmusartigen Teig portionsweise in eine Pfanne mit stark erhitztem Fett geben und Puffer backen. Erst wenden, wenn sich ein knuspriger brauner Rand gebildet hat. (Ergibt 12 bis 14 Puffer.) Mit Apfelmus, Preiselbeeren oder beliebigem Kompott, Streuzucker, grünem Salat oder Sauerkraut reichen.

Soßenkartoffeln (20)

400 bis 500 g Pellkartoffeln, abgepellt und in Scheiben geschnitten, werden in einer der folgenden Soßen erhitzt:

1. helle Delikateßsoße nach Vorschrift zubereiten, mit 1 bis 2 Eßlöffeln gehackter Petersilie mischen;
2. helle Delikateßsoße mit Senf abschmecken;
3. 50 g Räucherspeck und $^{1}/_{2}$ Zwiebel würflig schneiden, in Fett glasig dünsten, 20 g Mehl darin anschwitzen, mit je $^{1}/_{8}$ l Brühe und Milch auffüllen, 10 Minuten durchkochen und mit Pfeffer, Salz, Muskatnuß und Zitronensaft pikant abschmecken;
4. 50 g Reibkäse und einen Stich Butter in der unter 3. beschriebenen Soße aufkochen und abschmecken.

Bratkartoffeln (20)

(295 Kalorien / 1235 Joule)

400 bis 500 g rohe oder Pellkartoffeln, Bratfett, 1 Zwiebel, Salz, nach Belieben Kümmel.

Rohe Kartoffeln schälen, waschen, in Stifte oder Scheiben schneiden, in der Pfanne in heißem Fett zugedeckt 10 Minuten anbraten, salzen, geschnittene Zwiebel dazugeben und in offener Pfanne bräunen. – Pellkartoffeln abpellen, in Scheiben schneiden, in der Pfanne in heißem Fett anbraten, geschnittene Zwiebel dazugeben, unter regelmäßigem Wenden fertig braten, salzen, nach Belieben gleich zu Anfang etwas Kümmel darüber streuen.

Tiroler Geröstl (20)

(505 Kalorien / 2114 Joule)

300 g Pellkartoffeln, 125 g Fleisch- oder Wurstreste (bevorzugt Blutwurst), 1 kleine Zwiebel, 1 bis 2 Gewürzgurken, Bratfett, gehackte Petersilie, Salz.

Kartoffeln abpellen, in Scheiben oder Würfel schneiden, Zwiebel, Fleisch oder Wurst und Gurken in kleine Würfel schneiden, mit den Kartoffeln in heißem Fett kräftig durchbraten, salzen und mit Petersilie bestreut anrichten. Dazu Tomatenachtel oder grünen Salat reichen.

Käserösti (20)

(340 Kalorien / 1423 Joule)

Bratkartoffeln aus gekochten Kartoffeln zubereiten, mit Reibkäse oder feingewürfeltem Schmelz- oder Schnittkäse mischen, bei schwacher Hitze weiterbraten, bis der Käse geschmolzen ist.

Kartoffelfinken (20)

(247 Kalorien / 1034 Joule)

1/2 Packung Kartoffelknödelmehl für rohe Klöße, Reibkäse, Bratensoße (Rest oder Würfel).

Knödelmehl nach Vorschrift anrühren und quellen lassen, mit einem Dessertlöffel Klößchen abstechen, in leise kochendes Wasser geben und in etwa 10 Minuten gar ziehen lassen. Die Finken mit der Schaumkelle herausnehmen, gut abtropfen lassen, in eine vorgewärmte Schüssel geben, mit Bratensoße überziehen und mit Reibkäse bestreuen. Dazu passen Scheiben von Leberkäse (in der Pfanne angebräunt), Bratwürstchen, kaltes Corned beef oder Frikadellen (auch aufgewärmt), außerdem grüner Salat.

Pommes frites mit Abwandlungen (30)

(282 Kalorien / 1180 Joule)

500 g Kartoffeln, Backfett oder -öl (Fritüre, Fettopf).

Kartoffeln schälen, bleistiftdicke, 5 cm lange Stäbchen schneiden, in ein sauberes Geschirrtuch einrollen und trocknen. Portionsweise in heißes Fett oder Öl geben (Schaumlöffel, Backkorb), die Stäbchen hellgelb backen und abtropfen lassen. Kurz vor dem Anrichten alle Kartoffelstäbchen nochmals in heißes Fett geben und goldbraun backen, mit feinem Salz bestreut zu Tisch geben. *Vereinfachung:* Vorgebackene Pommes frites aus der Tiefkühltruhe auftauen lassen, in heißem Fett schwimmend oder in reichlich Fett in der Pfanne fertig backen. Zu *Strohkartoffeln* strohhalmdicke Stäbchen, zu *Streichholzkartoffeln* streichholzdünne Stäbchen schneiden, zu *Chips* sehr dünne Kartoffelscheiben hobeln. Backvorgang in allen Fällen wie bei Pommes frites. Chips gibt es auch in Fertigpackungen im Handel.

Reibekuchen (Kartoffelpuffer) (30)

(381 Kalorien / 1595 Joule)

500 g Kartoffeln, 1 Ei, 1 kleine geriebene Zwiebel, 1 Eßlöffel Mehl oder Grieß, Salz, Backfett.

Kartoffeln schälen, reiben, abtropfen lassen und mit den übrigen Zutaten zu Brei verrühren. In der Pfanne in heißem Fett dünne Plätzchen von beiden Seiten goldbraun backen. Heiß mit Apfelmus, Preiselbeeren, anderem Kompott oder auch salziger Beilage (z. B. Heringsfilets in Sahne) zu Tisch geben.

Kartoffelkroketten (30)

(419 Kalorien / 1754 Joule)

300 g gekochte Kartoffeln, Salz, Muskat, 20 g Butter, 1 Eigelb, etwas Mehl, 1 verquirltes Ei, Semmelmehl, Backfett.

Kartoffeln durch die Presse drücken oder durch den Fleischwolf drehen, mit Butter, Gewürzen, Eigelb und so viel Mehl vermischen, daß ein nicht zu lockerer Teig entsteht. Mit bemehlten Händen 3 cm dicke und 6 cm lange Rollen formen, durch verquirltes Ei ziehen, in Semmelmehl wälzen und in reichlich Fett in der Pfanne (oder in heißem Fett schwimmend) goldbraun backen. Zu beliebigen Fleischgerichten reichen. *Abwandlung:* Kroketten in Kokosraspel panieren und goldbraun backen.

Brühkartoffeln (30)
(200 Kalorien / 837 Joule)

400 bis 500 g Kartoffeln, gut $^{1}/_{4}$ l Fleisch- oder Gemüsebrühe, Salz, Muskat, Suppenwürze, Petersilie.

Kartoffeln schälen, würfeln, mit kalter Brühe aufsetzen, zum Kochen bringen und bei mäßiger Hitze garen. Mit Salz, Muskat und Suppenwürze abschmecken und vor dem Anrichten mit gehackter Petersilie bestreuen.

Schneller Kartoffelauflauf (30)
(503 Kalorien / 2106 Joule)

$^{1}/_{2}$ Paket Kartoffelpüreemehl, 1 Eigelb, 150 bis 200 g Brühwürstchen, Reibkäse, Butterflocken, 1 Tomate.

Püreemehl nach Vorschrift verarbeiten, 1 verquirltes Eigelb hineinrühren, Wurst in Scheiben schneiden und unter die Masse heben, eine gefettete feuerfeste Form damit füllen. Butterflöckchen aufsetzen, Reibkäse darüberstreuen, den Auflauf im vorgeheizten Ofen bei mittlerer Hitze etwa 20 Minuten backen. Mit einigen zurückbehaltenen Wurstscheiben und Tomatenachteln garnieren. Dazu paßt grüner oder Endiviensalat, nach Belieben auch eine pikant abgeschmeckte Tomatensoße. *Abwandlung:* Kartoffelbrei aus frisch gekochten Kartoffeln zubereiten, anstatt Würstchen beliebige gare Fleischreste oder gekochten Schinken verwenden.

Pellkartoffeln (40)
(191 Kalorien / 800 Joule)

400 bis 500 g kleine Kartoffeln, Salz, etwas Kümmel (nach Belieben).

Kartoffeln gut waschen, bei Bedarf abbürsten. Mit kaltem Wasser, Salz und (nach Belieben) Kümmel aufsetzen, zum Kochen bringen, bei mäßiger Hitze zugedeckt garen. Abgießen, bei abgenommenem Topfdeckel etwas nachdämpfen. Mit beliebiger Beilage (frische Butter, Soße, Fleisch- oder Fischgericht mit Soße, Quark) reichen oder weiterverarbeiten. Bei größeren Kartoffeln ist die Kochzeit länger anzusetzen, bei jungen Kartoffeln läßt sie sich noch etwas abkürzen. Am schnellsten geht es mit dem Druckkocher (Dampfkochtopf). Bei Zeitmangel Pellkartoffeln zur Weiterverarbeitung (Salat, Auflauf, Soßenkartoffeln) am Abend vorher kochen.

Petersilienkartoffeln (40)
(285 Kalorien / 1193 Joule)

300 bis 400 g Pellkartoffeln, 30 g Butter, Salz, 1 Eßlöffel gehackte Petersilie.

Kartoffeln heiß abpellen, leicht nachsalzen, in zerlassener Butter schwenken, mit Petersilie bestreut anrichten. *Ebenso:* Dillkartoffeln.

Salzkartoffeln (40)
(191 Kalorien / 800 Joule)

400 bis 500 g Kartoffeln, Salz.

Kartoffeln schälen, waschen, in gleichmäßig große Stücke teilen (je kleiner sie sind, desto schneller sind die Salzkartoffeln fertig), mit leicht gesalzenem Wasser kalt aufsetzen, zum Kochen bringen und bei mäßiger Hitze garen. Abgießen und die

Kartoffeln im offenen Topf kurz nachdünsten. Nach Belieben ein Sträußchen Dill mitkochen.

Kartoffelbrei (40)

(326 Kalorien / 1365 Joule)

400 bis 500 g Kartoffeln, 30 g Butter, 1/8 l Milch, Salz.

Kartoffeln schälen, waschen und grob würfeln, in leicht gesalzenem Wasser garen, abgießen, die Kartoffeln heiß durchpressen oder stampfen, mit heißer Milch und Butter vermischen, gut durchrühren oder mit dem Kartoffelstampfer durcharbeiten. Mit Salz abschmecken und gedünsteten Zwiebelringen anrichten. *Vereinfachung:* Kartoffelpüreemehl (1/2 Packung) verwenden, nach Vorschrift zubereiten.

Quarkkartoffelklöße (40)

(564 Kalorien / 2361 Joule)

300 g rohe Kartoffeln, 75 g Mehl, 25 g Speisestärke, 150 g trockener Quark, 1 bis 2 Eier, 1 kleine Zwiebel, Bratfett, gehackte Petersilie, Salz, Pfeffer, Butter.

Kartoffeln schälen, reiben und auspressen, mit Mehl, Speisestärke, passiertem Quark, verquirltem Ei, geschnittener, in Fett angerösteter Zwiebel und gehackter Petersilie vermengen, den Teig mit Salz und Pfeffer abschmecken. Klöße formen, in 15 bis 20 Minuten in kochendem Salzwasser garen. Die herausgenommenen und abgetropften Klöße mit gebräunter Butter übergießen. Mit Sauerkraut und heißem Leberkäse zu Tisch geben.

Kartoffelklöße (Knödel) (60)

(451 Kalorien / 1888 Joule)

500 g rohe, 250 g gekochte Kartoffeln, 2 Semmeln, Salz, ca. 4 Eßlöffel heiße Milch.

Rohe Kartoffeln schälen, waschen, grob reiben und auspressen, gekochte Kartoffeln durch den Fleischwolf drehen, Semmeln blättrig schneiden und mit Milch übergießen. Kartoffeln und Semmeln zu Kloßteig verkneten, leicht salzen. Mit angefeuchteten Händen Klöße formen, in leicht gesalzenem kochendem Wasser gar ziehen lassen. Zu gebratenem Fleisch, Schmorfleisch, Gulasch und gebratenem Geflügel. *Abwandlung:* Jeden Kloß mit gerösteten Semmelwürfeln füllen. *Vereinfachung:* Kartoffelknödelmehl verwenden, nach Vorschrift anrühren, quellen lassen und zu Klößen formen.

Gemüse für alle Tage

Je zarter und frischer das Gemüse, desto kürzer die Zubereitungszeit. Duftige Sommergemüse wie Spargel, Karotten, Erbsen und Kohlrabi kommen fast durchweg mit der Hälfte der Koch- und Dünstzeiten aus, die derbere Herbstgemüse – alle Kohlarten, rote Rüben, Schwarzwurzeln und Sellerie beispielsweise – beanspruchen. Auf diese Tatsache muß man seinen Zeit- und Kochplan abstimmen, wenn man nicht auf Konserven zurückgreifen will. Sie bieten eine reiche Fülle tafelfertiger oder schnell »aufbereiteter« Herrlichkeiten, bei denen auch noch das fingerfärbende Putzen entfällt. Am beliebtesten sind Schnitt- und Brechbohnen, Leipziger Allerlei, Erbsen, Karotten, Spinat, rote Rüben, Sellerie, Spargel, Paprikaschoten, Tomatenpaprika und Pilze aller Art.
Vielseitig ist auch das Angebot an tiefgefrorenen Gemüsen. An der Spitze der Absatzstatistik liegt der Spinat. Gemüse aus der Tiefkühltruhe wird unaufgetaut weiterverarbeitet, man gibt es aus der Packung gleich ins kochende Wasser, wobei das Würzen nicht vergessen werden darf, denn im Gegensatz zu Gemüsekonserven ist Tiefkühlgemüse weder mit Salz noch mit Gewürz vorbehandelt. Die Garzeit ist etwas kürzer als bei frischem Gemüse anzusetzen.

Steinpilzschnitzel (10)
(202 Kalorien / 846 Joule)

300 g Steinpilze, Mehl, 1 Ei, Salz, Pfeffer, Semmelmehl, Butter zum Braten.

Steinpilze vorbereiten, in zentimeterdicke Scheiben schneiden, waschen, abtrocknen, nacheinander in Mehl, mit Salz und Pfeffer verquirltem Ei und Semmelmehl wenden, in heißer Butter von beiden Seiten goldgelb braten. Mit Salat und Petersilienkartoffeln reichen.

Gedünstete Pilze (20)
(197 Kalorien / 825 Joule)

300 bis 400 g beliebige Pilze, 40 g Butter, 1/2 kleine Zwiebel, Salz, Pfeffer, 1/2 Teelöffel Speisestärke, gehackte Petersilie.

Zwiebel fein hacken, in Butter andünsten, die geschnittenen Pilze dazugeben, salzen, pfeffern und garen. Pilzsaft mit kalt angerührter Speisestärke binden, Pilze mit Petersilie bestreut anrichten, dazu Kartoffelbrei oder Salzkartoffeln reichen. Soße nach Belieben mit 1 bis 2 Eßlöffel saurer Sahne verfeinern.

Speckpfifferlinge (20)
(340 Kalorien / 1423 Joule)

65 g magerer Räucherspeck, etwas Margarine, 1 kleine Zwiebel, 250 g Pfifferlinge, 1 Teelöffel Speisestärke, Salz, Pfeffer, gehackte Petersilie.

Räucherspeck würfeln, mit Margarine anbraten, feingeschnittene Zwiebel und geputzte, gewaschene und nach Belieben geschnittene Pfifferlinge dazugeben, etwa 15 Minuten zugedeckt im eigenen Saft schmoren. Mit kalt angerührter Speisestärke binden, mit Salz und Pfeffer abschmecken. Vor dem Auftragen gehackte Petersilie darüberstreuen. Mit grünem Salat und Kartoffeln zu Tisch geben.

Junge Kohlrabi (20)

(300 Kalorien / 1256 Joule)

500 g junge Kohlrabi, 1 Packung helle Delikateßsoße, 30 g Butter, Muskatnuß, Salz.

Kohlrabi schälen, waschen und in dünne Scheiben schneiden, mit 1/4 l Wasser aufsetzen, leicht salzen und zugedeckt bei mäßiger Hitze garen. Brühe abgießen, auf 1/4 l ergänzen , Inhalt der Soßenpackung unter Rühren mit dem Schneebesen hineingeben, 5 Minuten schwach kochen. Die Kohlrabischeiben in die Soße geben, Butter hinzufügen, mit Muskatnuß und wenig Salz abschmecken. Zu Salzkartoffeln und Frikadellen reichen.

Junge Erbsen (20)

(282 Kalorien / 1180 Joule)

300 bis 400 g enthülste Erbsen, 30 g Butter, 4 Eßlöffel Brühe, Salz, Zucker, gehackte Petersilie.

Erbsen in zerlassener Butter anschmoren, mit Brühe auffüllen, leicht salzen, 1 Prise Zucker hineingeben, zugedeckt bei schwacher Hitze garen. Mit gehackter Petersilie bestreut anrichten. Dosenerbsen in einen Topf umfüllen, mit einem Stich Butter verfeinern, abschmecken und Petersilie darüber streuen. Nur heiß werden lassen, nicht mehr kochen.

Gurkengemüse (20)

(211 Kalorien / 883 Joule)

1 große Salatgurke, 30 g Butter, 1/8 l Sahne, Salz, gehackter Estragon oder Dill, Streuwürze, Salz.

Gurke schälen und würfeln. Butter im Topf heiß werden lassen, die Gurke mit möglichst wenig Wasser hineingeben, mit Streuwürze würzen und zugedeckt langsam gar ziehen lassen.

Wenn das Gemüse fast gar ist, Sahne hineingießen, Estragon oder Dill dazugeben, noch 10 Minuten bei milder Hitze ziehen lassen, leicht salzen. Zu Salzkartoffeln und beliebigem Salat reichen. *Abwandlung:* Etwas mehr Flüssigkeit verwenden, mit kalt angerührter Speisestärke binden, dann erst die Sahne hineingeben. Kerbel oder Petersilie und Zitronensaft zum Würzen verwenden.

Gefüllte Gurke (20)

(571 Kalorien / 2390 Joule)

1 dicke grüne Gurke, ca. 125 bis 200 g gemischtes Hackfleisch (je nach Größe der Gurke), 1 bis 2 altbackene Semmeln, 1 Ei, 1 Zwiebel, gehackte Petersilie, Salz, Pfeffer, Muskatnuß. – Zur Soße: *1 Päckchen helle Delikateßsoße, 1 Eßlöffel Tomatenmark, $^1/_2$ Zwiebel, 4 bis 6 Eßlöffel saure Sahne, Paprika, gehackter Dill, Salz.*

Gurke schälen, halbieren, Kerne und alles Weiche mit einem silbernen Löffel herauskratzen. Hackfleisch mit eingeweichter und ausgedrückter Semmel, Ei, gehackter Zwiebel, Petersilie, Salz, Pfeffer und Muskatnuß zu Fleischteig verkneten, die Gurke damit füllen und mit Hölzchen zusammenhalten. Helle Soße nach Vorschrift zubereiten, mit den angegebenen Zutaten verfeinern, in eine feuerfeste Form gießen, die Gurke hineinlegen und zugedeckt gar dünsten. Mit Zwiebelringen garniert zu Kartoffelbrei reichen.

Gedünstete Tomaten (20)

(221 Kalorien / 925 Joule)

400 g feste Tomaten, 30 g Butter, Streuwürze, nach Belieben Salz, gehackte Petersilie, 1 Eßlöffel Öl.

Tomaten sauber abreiben, an der Oberseite kreuzweise einschneiden, die Haut zurücklegen, die freigelegte Stelle mit Streuwürze bestreuen, nach Belieben leicht salzen, ein haselnußgroßes Stück Butter darauflegen. Tomaten in eine mit Öl ausgestrichene feuerfeste Form setzen, im vorgeheizten Backofen gar schmoren, jede Tomate mit etwas Petersilie bestreuen. Als Beigabe zu Fleisch reichen.

Spinat (20)

(194 Kalorien / 812 Joule)

500 g Spinat, 30 g Butter, 20 g Mehl, 1/2 kleine Zwiebel, Salz, Pfeffer, etwas Milch und Brühe.

Verlesenen Spinat gründlich waschen, in kochendes Salzwasser geben, aufkochen, abtropfen lassen, grob oder fein hacken oder im Mixgerät zerkleinern. Zwiebel fein würfeln, in Butter glasig dünsten, Mehl darin anschwitzen, den Spinat hinzufügen und unter Umrühren erhitzen. Mit etwas Milch und Brühe auffüllen, würzen und mit halbierten gekochten Eiern oder Spiegeleiern zu Bratkartoffeln oder Salzkartoffeln reichen. *Verfeinerung:* Spinat mit Scheiben von gekochtem Kasseler Rippespeer und Champignons (Dose) belegen, mit Bratensoße und Salzkartoffeln zu Tisch geben.

Linseneintopf (20)

(422 Kalorien / 1766 Joule)

50 g magerer Räucherspeck, 1 kleine Zwiebel, 1 Bund Suppengemüse, 150 g rohe Kartoffeln, 1 Packung Delikateß-Linsensuppe, 2 Würstchen.

Speck und Zwiebel würfeln, miteinander andünsten, zerkleinertes Suppengemüse und Kartoffeln hinzufügen, kurz mitdünsten, etwa 1 Liter Wasser auffüllen, 5 Minuten kochen. Linsensuppe hineinstreuen, 10 Minuten gut durchkochen, die Würstchen gesondert erhitzen oder im Eintopf heiß werden lassen, nach Belieben vorher in Scheiben oder Stückchen schneiden. *Abwandlung:* Kleingeschnittenes Corned beef an Stelle der Würstchen verwenden.

Schneller Eintopf (20)
(156 Kalorien / 653 Joule)

$^1/_2$ Dose Mischgemüse, $^1/_2$ Dose Brechbohnen, ca. $^3/_4$ l Würfelbrühe (Gemüsewasser mitverwenden!), 2 rohe Kartoffeln, gehackte Petersilie.

Gemüse in die kochende Brühe geben, Kartoffeln schälen, waschen und hineinreiben, unter vorsichtigem Rühren aufkochen, kurz durchkochen, mit Petersilie bestreut anrichten. Auf dem Teller nach Belieben saure Sahne darübergießen. Dazu Cornedbeef-Scheiben oder Brühwurstwürfel reichen, nach Belieben auch gleich mit dem fertigen Eintopf mischen.

Junge Karotten mit Speck (30)
(342 Kalorien / 1432 Joule)

500 g Karotten, 75 g Räucherspeck, 1 Eßlöffel gehackte Zwiebel, Salz, 1 Prise Zucker, Speisewürze.

Karotten putzen, waschen und in gleichmäßige Würfel schneiden. Speck fein würfeln, leicht anbraten. Zwiebel hinzufügen und goldgelb andünsten, mit $^1/_8$ l Wasser ablöschen. Karotten dazugeben, mit Salz und Zucker würzen. Zugedeckt langsam gar ziehen lassen, mit Speisewürze abschmecken. Bei der Verwendung älterer Karotten verlängert sich die Zubereitungszeit bis auf das Doppelte.

Karotten in Milch (30)
(244 Kalorien / 1021 Joule)

500 g Karotten, 20 g Butter, 20 g Mehl, $^1/_8$ l Milch, Salz, Zucker, Petersilie.

Karotten putzen, in Würfel oder Scheiben schneiden, mit wenig Wasser aufsetzen und zugedeckt garen. Butter und Mehl anschwitzen, mit Milch auffüllen, 10 Minuten durchkochen.

Karotten in die Soße geben, mit Salz, Zucker und gehackter Petersilie verfeinern. Zu Schweinebraten, Klopsen, Frikadellen oder Deutschem Beefsteak reichen.

Blumenkohl (30)
(229 Kalorien / 959 Joule)

1 kleiner bis mittelgroßer Blumenkohl, Salz, Butter, Semmelmehl.

Blumenkohl putzen, dunkle Stellen wegschneiden, den Strunk kürzen, den Kopf unter der Wasserleitung abspülen und eine halbe Stunde mit der Oberseite nach unten in gesalzenes Wasser legen, damit Raupen und Insekten entfernt werden. Blumenkohl mit dem Strunk nach unten in kochendes Salzwasser legen, Röschen mit Salz bestreuen. Bei schwacher Hitze garen. Mit zerlassener Butter zu Tisch geben oder Semmelmehl in Butter bräunen und über den Blumenkohl gießen. *Abwandlung:* Blumenkohl mit holländischer Soße reichen. Dazu 20 g Butter und 20 g Mehl anschwitzen, mit $^1/_4$ l Blumenkohlbrühe auffüllen, 10 Minuten durchkochen, mit Zitronensaft und Salz abschmecken und 1 verquirltes Eigelb in die vom Herd genommene Soße rühren.

Gekochter Spargel (30)
(43 Kalorien / 180 Joule)

500 g Stangenspargel, Salz, 1 Prise Zucker.

Spargel vom Kopf zum Schnittende schälen, Enden abschneiden. Spargelstangen zu je 6 Stück bündeln, in das kochende Wasser geben (leicht salzen und zuckern), bei mäßiger Hitze garen, vorsichtig herausnehmen und nach Belieben mit heißer Butter, rohem oder gekochtem Schinken, Räucherlachsscheiben, Kalbsschnitzel oder weichgekochten Eiern und jungen Kartoffeln zu Tisch geben.

Spargel auf flämische Art (30)
(435 Kalorien / 1821 Joule)

500 g gekochter Spargel (auch aus der Dose), 3 gekochte Eier, 2 gefüllte Oliven, 65 g Butter, Zitronensaft, gehackte Petersilie.

Spargel auf vorgewärmter Platte anrichten, mit Petersilie, Eihälften und Olivenscheiben garnieren. Butter schaumig rühren, nach und nach Zitronensaft dazugeben, kräftig durchschlagen und mit Gurkensalat und Scheiben von rohem Schinken zum Spargel reichen.

Selleriegemüse (30)
(158 Kalorien / 661 Joule)

400 bis 500 g Sellerieknollen, Salz, Essig, 1 Päckchen helle Delikateßsoße, Zitronensaft, Streuwürze, gehackte Petersilie.

Sellerieknolle unter fließendem Wasser bürsten, in leicht gesalzenem Essigwasser gar kochen, schälen und in Scheiben schneiden. Soße nach Vorschrift zubereiten, mit Zitronensaft und Streuwürze abschmecken, mit Petersilie verfeinern, die Selleriescheiben hineingeben. *Vereinfachung:* Sellerie vor dem Kochen in Scheiben schneiden (schnelleres Verfahren) oder Dosensellerie verwenden.

Grüne Bohnen (30)
(217 Kalorien / 908 Joule)

350 g grüne Bohnen, 1 kleine Zwiebel, etwas Brühe, Salz, 1 Büschel Bohnenkraut, Pfeffer, gehackte Petersilie, 30 g Butter, 20 g Mehl.

Bohnen putzen, abfädeln und waschen, mit gebündeltem Bohnenkraut in kochendes Salzwasser geben, bei schwacher Hitze garen, nach 10 Minuten Bohnenkraut herausnehmen. Bohnen abtropfen lassen. Mehl und Zwiebel in Butter anschwitzen,

Brühe und Bohnenwasser angießen, Soße 10 Minuten durchkochen, die Bohnen hineingeben. Mit Salz, Pfeffer und Petersilie abschmecken. *Abwandlung:* Zarte Prinzeßbohnen nicht mit Soße zubereiten, sondern mit zerlassener Butter übergossen anrichten. Nach Belieben auch mit Reibkäse bestreuen.

Lauchgemüse (30)

(151 Kalorien / 632 Joule)

350 g Lauch (Porree), 20 g Butter, 4 Eßlöffel Wasser, Salz, Muskatnuß, 1 Teelöffel Speisestärke, gehackte Petersilie.

Lauchwurzeln abschneiden, welke Blätter und oberes Grün entfernen, die Stangen waschen und in fingerlange Stücke schneiden. In heißer Butter anschmoren, Wasser (oder Brühe) auffüllen, zugedeckt bei mäßiger Hitze gar dünsten. Brühe mit kalt angerührter Speisestärke binden, mit Salz und Muskat würzen, mit Petersilie bestreut zu Tisch geben. *Abwandlung:* Mit Milch statt mit Wasser auffüllen oder zuletzt etwas Sahne hineingeben.

Paprikagemüse (30)

(160 Kalorien / 670 Joule)

Je 125 g Paprikaschoten, Tomaten und Salatgurken, 30 g Butter, Salz, 1 Prise Zucker, 1 Teelöffel Speisestärke, Zitronensaft.

Paprikaschoten waschen, halbieren, von Kernen, Stiel und Scheidewänden befreien, in Streifchen schneiden. Tomaten waschen und in Scheiben oder Stücke schneiden, Gurken schälen und in Würfel oder Scheiben schneiden. Alle Gemüsezutaten in heißer Butter kurz anbraten, würzen und bei mäßiger Hitze zugedeckt ohne Wasserzugabe gar dünsten. Mit kalt angerührter Speisestärke binden, mit Salz, Zucker und Zitronensaft abschmecken. Nach Belieben mit Sahne und gehackten Kräutern verfeinern.

Paprikaomelett (30)
(498 Kalorien / 2085 Joule)

2 bis 3 Paprikaschoten, 40 g Räucherspeck, 1/2 Eßlöffel Tomatenmark, 1 Teelöffel Speisestärke.

Paprikaschoten halbieren, von Kernen und Scheidewänden befreien, in Streifen schneiden, in gewürfeltem Räucherspeck andünsten, bei Bedarf ganz wenig Brühe dazugeben, und garen. Den Fond mit Tomatenmark verrühren, mit kalt angerührter Speisestärke binden, kurz aufkochen, beliebig abschmecken. Ein Kartoffel-Schaumomelett (Rezept Seite 75) oder einfaches Omelett (Rezept Seite 74) damit füllen oder belegen, sofort zu Tisch geben.

Gefüllte Paprikaschoten (40)
(580 Kalorien / 2428 Joule)

2 große oder 4 kleine Paprikaschoten, ca. 200 g gemischtes Hackfleisch, 1 Ei, 1 altbackene Semmel (oder ein Rest von garem Reis), 1 kleine Zwiebel, Salz, Pfeffer, 1 Päckchen Tomatensoße.

Paprikaschoten waschen, Deckel abschneiden, Scheidewände und Kerne vorsichtig herausschälen. Hackfleisch mit Ei, eingeweichter und ausgedrückter Semmel oder Reis, gehackter Zwiebel, Salz und Pfeffer zu pikant abgeschmecktem Hackteig verarbeiten, die Schoten damit füllen, Deckel aufsetzen. Tomatensoße nach Vorschrift zubereiten, in eine feuerfeste Form geben, die Paprikaschoten hineinstellen und bei schwacher Hitze gar dünsten. Soße nach Belieben abschmecken und auffüllen.

Rosenkohl (40)
(323 Kalorien / 1352 Joule)

400 bis 500 g Rosenkohl, 40 g Butter, 25 g Mehl, 1/4 l Brühe, Salz, Muskat, Pfeffer.

Geputzten und gewaschenen Rosenkohl in leicht gesalzenem Wasser aufkochen, abgießen, mit Brühe erneut aufsetzen und den Kohl in etwa 20 Minuten gar ziehen lassen. Butter und Mehl anschwitzen, die Kochbrühe auffüllen, Soße glatt rühren, 10 Minuten durchkochen, mit Salz, Pfeffer und Muskat abschmecken und den Kohl hineingeben. *Abwandlung:* Rosenkohl in Salzwasser kochen, gut abtropfen lassen und mit zerlassener Butter übergießen. Zu Salzkartoffeln oder Kartoffelbrei und Hackfleischgerichten reichen.

Schwarzwurzeln in Sahne (60)

(290 Kalorien / 1214 Joule)

400 g Schwarzwurzeln, 20 g Butter, 20 g Mehl, Salz, Streuwürze, Essig, 4 bis 6 Eßlöffel Sahne.

Schwarzwurzeln bürsten, schaben und waschen, in kaltes Essigwasser mit etwas Mehl legen (damit sie weiß bleiben), in fingerlange Stücke schneiden. Mit knapp $^{1}/_{2}$ l Wasser aufsetzen, leicht salzen und etwas Essig hineingeben. Die Schwarzwurzeln bei mäßiger Hitze garen, aus der Brühe nehmen. Butter und Mehl hellgelb anschwitzen, mit etwa $^{1}/_{4}$ l Kochbrühe auffüllen, 10 Minuten bei schwacher Hitze kochen, Sahne hineinrühren, mit Salz und Streuwürze (nach Belieben auch mit etwas Essig oder Zitronensaft) abschmecken, die Schwarzwurzeln hineingeben. Zu Salzkartoffeln und beliebigem Fleisch oder gekochtem Schinken reichen.

Junger Weißkohl (60)

(262 Kalorien / 1097 Joule)

400 bis 500 g Weißkohl, 40 g Bratfett, 1 kleine Zwiebel, $^{1}/_{2}$ Teelöffel Kümmel, Salz, nach Belieben etwas Mehl oder Speisestärke.

Weißkohl vorbereiten, welke Blätter entfernen, waschen, den Kopf in Viertel schneiden und hobeln. Würflig geschnittene

Zwiebel in Fett anrösten, den Kohl hineingeben und kurze Zeit miträsten. Mit wenig Wasser oder Brühe angießen, Kümmel darüberstreuen, den Kohl bei schwacher Hitze gar dünsten. Mit Salz abschmecken, Kohl nach Belieben mit kalt angerührtem Mehl oder Speisestärke leicht binden. Dazu Salzkartoffeln und Schweine- oder Hammelfleisch reichen.

Kalbfleisch mit Spargel (60)

(504 Kalorien / 2110 Joule)

30 g Butter, 300 g feingewürfeltes Kalbfleisch, $^1/_2$ kleine Dose Champignons oder Pfifferlinge, Salz, 300 g Spargel, 100 g Reis (auch Rest von garem Reis), Streuwürze.

Butter im Topf zerlassen, Fleisch darin unter Umrühren anrösten, salzen, den geschälten und in Stücke geschnittenen Spargel dazugeben, mit gut $^1/_2$ l Wasser oder Brühe auffüllen, bei starker Hitze bis zum sprudelnden Kochen bringen, bei schwacher Hitze zugedeckt weiterkochen. Nach 20 Minuten gewaschenen Reis hineingeben (garen Reis erst kurz vor der Fertigstellung), bei mäßiger Hitze weiterkochen, zuletzt die geschnittenen Pilze hinzufügen. Mit Salz und Streuwürze abschmecken.

Sauerkraut (60)

(240 Kalorien / 1005 Joule)

350 g Sauerkraut, 30 g Schweineschmalz, 1 kleine Zwiebel, etwas Salz, 1 Prise Zucker, 1 kleine rohe Kartoffel.

Schmalz im Topf zerlassen, gewürfelte Zwiebel darin anrösten, Sauerkraut (nicht waschen, nach Belieben etwas schneiden) hineingeben, kurze Zeit schmoren, dann wenig Wasser oder Brühe angießen und das Kraut bei mäßiger Hitze gar dünsten. Kurz vor der Fertigstellung Kartoffel hineinreiben, aufkochen, mit Salz und einer Prise Zucker abschmecken. *Abwandlungen:* Würstchen, halbgar gekochtes Schweinefleisch, Räucherspeck, Schweinedickbein (Eisbein) oder Kasseler Rippespeer an das fast fertige Sauerkraut geben, einige Zeit mitdünsten. Nach Belieben einige Wacholderbeeren mitdünsten. – Sauerkraut aus der Dose kommt mit einer kürzeren Dünstzeit aus.

Reis und Teigwaren

Reiskochen ist eine Kunst, die vor allem in den fernöstlichen Reisländern in hohem Ansehen steht. Wenn man diese Kunst zu beherrschen lernen will, muß man zuerst einmal zwischen dem körnig kochenden Langkornreis (Patna, Carolina) und dem weicher kochenden Rundkornreis (Italien, Afrika, Spanien) unterscheiden. Zu Reis als Beigabe eignet sich Langkornreis besser. Rundkornreis nimmt man zu Milchreis, Risotto und ähnlichen Speisen. Seit die Industrie den Kochbeutel erfunden hat, braucht man den Reis vor dem Kochen nicht einmal mehr in die Hand zu nehmen. Eine Zeitersparnis ist damit allerdings nicht verbunden.

In der Teigwarenküche lassen sich keine verbindlichen Zeitangaben für die einzelnen Rezepte machen. Es kommt nämlich ganz darauf an, welche Nudelsorte man einkauft. Suppeneinlagen brauchen zum Beispiel 7 bis 8 Minuten, Fadennudeln 4 bis 5 Minuten, Schnittnudeln 6 bis 8 Minuten. Makkaroni sind dagegen erst in etwa 12 bis 15 Minuten gar. Grundregel also: Je weniger Zeit zur Verfügung steht, desto dünner oder dünnwandiger sollen die Nudeln sein. Das gilt auch für die selbstbereiteten Hausmachernudeln. Wer weichere Nudeln den bißfesten (»al dente« nennt es der Italiener) vorzieht, muß noch ein paar Kochminuten zugeben.

Teigwaren ab Seite 148.

Schnellreis (20)

(230 Kalorien / 963 Joule)

125 g Reis (= 1 Beutel Schnellreis), Salz.

Gut 1 l Wasser zum Kochen bringen, den Reisbeutel hineinlegen, in 15 bis 20 Minuten gar ziehen lassen, herausnehmen, den Beutel aufreißen oder -schneiden, den Reis anrichten oder beliebig verfeinern.

Reis als Beilage (20)

(230 Kalorien / 963 Joule)

125 g Reis, Salz.

Gut 1 l leicht gesalzenes Wasser zum Kochen bringen, den in kaltem Wasser gewaschenen Reis hineinschütten, das Wasser zugedeckt wieder zum Kochen bringen und in etwa 15 Minuten bei mittlerer Hitze den Reis garen, als Beilage anrichten.

Verfeinerungen:

1. Reis mit einem Stich Butter und $^{1}/_{2}$ Eßlöffel Reibkäse mischen (Käsereis);
2. Reis nicht in Wasser, sondern in $^{3}/_{4}$ l Fleischbrühe gar quellen lassen (Brühreis):
3. Brühreis mit 1 Eßlöffel Tomatenmark verrühren, mit Pfeffer nachwürzen (Tomatenreis).

Risotto (30)

(356 Kalorien / 1490 Joule)

125 g Reis, $^{1}/_{2}$ kleine Zwiebel, 30 g Butter oder Öl, $^{1}/_{4}$ l Fleischbrühe.

Zwiebel fein schneiden, in Butter oder Öl hellgelb andünsten, den trockenen Reis dazugeben und unter Umrühren glasig rösten. Fleischbrühe angießen, den Reis unter Umrühren aufkochen, dann zugedeckt in 18 Minuten auf kleiner Flamme gar quellen lassen.

Verfeinerungen:

1. fertigen Risotto mit einem Stich frischer Butter und 20 g Reibkäse mischen (Käsereis);
2. $^{1}/_{2}$ Teelöffel Curry vor dem Auffüllen über den glasigen Reis streuen (Curryreis);
3. 50 g gedünstete, geschnittene Champignons mit dem nach 2. zubereiteten Curryreis mischen (Champignonreis).

Räucherfischreis (30)

(776 Kalorien / 3248 Joule)

125 g Reis, $^{3}/_{4}$ l Fleischbrühe, 200 bis 250 g Räucherfisch, 1 Päckchen Tomatensoße, 1 Eigelb, Butterflöckchen, Reibkäse.

Reis in der Fleischbrühe körnig ausquellen lassen. Eine kleine feuerfeste Form fetten, gut die Hälfte Reis hineingeben, mit enthäutetem, entgrätetem und zerpflücktem Räucherfisch belegen. Tomatensoße nach Vorschrift zubereiten, aber nur $^{2}/_{3}$ der angegebenen Wassermenge verwenden, mit Eigelb legieren, über den Fisch gießen. Mit dem restlichen Reis abdecken, reichlich Butterflöckchen darauf verteilen, Reibkäse darüberstreuen. Im vorgeheizten Ofen 10 Minuten überbacken. Mit grünem Salat zu Tisch geben.

Leberreis (30)

(775 Kalorien / 3244 Joule)

250 g Reis, 1 Zwiebel, 2 Eßlöffel Olivenöl, 1 Eßlöffel Tomatenmark, $^{3}/_{4}$ l Wasser, 200 g Kalbs- oder Schweineleber, etwas Salbei, Mehl und Salz, Reibkäse.

Reis mit einem sauberen Tuch abreiben, mit der feingeschnittenen Zwiebel in Öl glasig dünsten. Tomatenmark zugeben, Wasser angießen, salzen und den Reis im offenen Topf unter Umrühren mit der Gabel körnig weich kochen. Leber vorbereiten, in feine Stückchen schneiden, in Mehl und Salz wenden, mit etwas Salbei bestreut in Öl gar braten, mit dem fertigen Risotto mischen und mit Käse bestreut anrichten.

Reis mit Erbsen (Risi-Pisi) (30)
(421 Kalorien / 1762 Joule)

125 g Reis, 30 g Butter oder Öl, gut 1/4 l Fleischbrühe, 200 g Dosenerbsen, Salz, 1 Prise Zucker, nach Belieben Petersilie.

Reis, Butter und Fleischbrühe zu Risotto (Seite 145) verarbeiten, die abgetropften Erbsen hineingeben, nach Belieben etwas Erbsenbrühe hinzufügen, mit Salz und Zucker abschmecken, vorsichtig umrühren, heiß werden lassen und (nach Belieben) mit gehackter Petersilie bestreut zu Tisch geben.

Milchreis (30)
(524 Kalorien / 2193 Joule)

125 g Reis, 3/4 l Milch, 1 Prise Salz, 1/2 Päckchen Vanillezucker, nach Belieben Zucker.

Milch mit Salz und Vanillezucker zum Kochen bringen, den gewaschenen Reis hineinschütten, bei schwacher Hitze körnig weich quellen lassen. Nach Belieben zuckern oder mit Zucker und Zimt zu Tisch geben, etwas kalte Milch dazu reichen.
Abwandlungen:

1. 50 g Rosinen waschen, überbrühen und mit dem fertigen Reis mischen;
2. Reis mit gebräunter Butter übergossen anrichten;
3. fertigen Reis mit 200 g gedünsteten, gezuckerten Äpfeln vermischen (Apfelreis);
4. Reis mit beliebigen anderen gedünsteten Früchten (entsteinte Kirschen, Mandarinorangen, Birnen, Pfirsiche, Ananas) mischen und zuckern, mit Weinsoße zu Tisch geben (Früchtereis).

Süßer Reisauflauf (40)
(761 Kalorien / 3186 Joule)

Milchreis aus 125 g Reis und 3/4 l Milch; 30 g Butter, 30 g Zucker, 1/2 Päckchen Vanillezucker, 2 Eier, Früchte zum Belegen.

Milchreis am Abend vorher zubereiten (Rezept Seite 147). Am nächsten Tag Butter sahnig rühren, Zucker, Vanillezucker und Eigelb dazugeben, die Masse schaumig rühren. Nach und nach den kalten Reis dazugeben, gut vermengen, zuletzt steif geschlagenes Eiweiß unterheben. Die Masse in eine gefettete feuerfeste Form füllen, bei Mittelhitze in etwa 30 Minuten überbacken. Mit gedünsteten Früchten belegt zu Tisch geben.

Pilaw (60)

(356 Kalorien / 1490 Joule)

125 g Reis, 30 g Butter, $^{3}/_{8}$ l Fleischbrühe, Salz.

Reis waschen, mit kochendem Wasser überbrühen, kurze Zeit stehen lassen, dann abgießen, in die heiße Butter geben, kurz andünsten, mit Brühe auffüllen, salzen. Etwa 20 Minuten bei mäßiger Hitze kochen, dann zugedeckt in den heißen Backofen stellen, 30 Minuten gar quellen lassen. Als Beigabe zu geschmortem Fleisch reichen.

Makkaronischüssel (10) (Resteverwertung)

(644 Kalorien / 2696 Joule)

200 g gekochte Makkaroni, 150 g geschmortes oder gebratenes Fleisch mit Soße (oder Dosenfleisch und Würfelsoße), Reibkäse.

Fleisch in Würfel schneiden, in der Soße erhitzen (falls sie nicht ausreicht, mit Würfel-Bratensoße oder -Tomatensoße strecken), mit den Makkaroni mischen. Dazu Reibkäse reichen.

Abbildungen: 5. Schweinekoteletts paniert (zu Seite 93)
6. Linseneintopf, Gulaschsuppe, Verlorene Eier in pikanter Soße, Sahnemeerrettich (zu den Seiten 136, 63, 71, 189)

Spaghetti auf Mailänder Art (20)
(599 Kalorien / 2507 Joule)

125 g Spaghetti, 15 g Butter, 1 Packung Tomatensoße, je 1 bis 2 Scheiben Pökelzunge und gekochter Schinken, 1 Eßlöffel Champignons, Reibkäse.

Spaghetti in leicht gesalzenes kochendes Wasser geben und in 12 bis 15 Minuten garen, abtropfen lassen, in einer vorgewärmten Schüssel mit Butter mischen. Soße nach Vorschrift zubereiten, mit streifig geschnittener Zunge und Schinken und in Scheiben geschnittenen Champignons vermengen. Soße und Reibkäse gesondert zu den Spaghetti reichen.

Eiernudeln mit Hackfleischsoße (20)
(789 Kalorien / 3303 Joule)

125 g Eiernudeln, Salz; 40 g Räucherspeck, $^{1}/_{2}$ Zwiebel, 150 g Hackfleisch, 1 Päckchen Tomatensoße, Reibkäse.

Speck- und Zwiebelwürfel kurz andünsten, Hackfleisch dazugeben, kurz mitdünsten, mit der nach Vorschrift bereiteten Tomatensoße übergießen und aufkochen lassen. Eiernudeln in 8 bis 9 Minuten in 1 l leicht gesalzenem kochendem Wasser garen, abschrecken und abtropfen lassen, mit der Soße und mit Reibkäse reichen. Dazu grüner Salat oder Endiviensalat.

Abbildungen: 7. Überbackene Tomaten (für größere Familie) (zu Seite 119)
8. Lebergulasch auf Risotto (zu den Seiten 90 u. 145)

Tomatennudeln mit Ei (20)

(542 Kalorien / 2269 Joule)

125 g Eiernudeln, Salz, 30 g Räucherspeck, 2 bis 3 Tomaten, Salz, Pfeffer, Paprika, gehackte Petersilie, 1 bis 2 Eier, Bratfett.

Eiernudeln in leicht gesalzenem Wasser garen, abtropfen lassen. Unterdessen gewürfelten Speck kräftig anbraten, Tomatenwürfel hineingeben, weich dünsten, mit Salz, Pfeffer, Paprika und Petersilie würzen. Die Nudeln in der Pfanne in heißem Fett anbraten, die verklopften Eier darübergießen, stocken lassen. Tomatenfüllung auf dem halben Nudelomelett verteilen, eine Hälfte über die andere klappen, heiß zu Tisch geben. Dazu grünen Salat reichen.

Hausmachernudeln (60)

(322 Kalorien / 1348 Joule)

150 g Mehl, 1 Ei, Salz, etwas Wasser.

Mehl auf das Nudelbrett sieben, die übrigen Zutaten in eine Mehlvertiefung geben und kräftig verkneten. Den Teigkloß halbieren, 15 Minuten ruhen lassen, dünn ausrollen, kurz antrocknen lassen, dann zusammenrollen und beliebig breit schneiden. Die Nudeln auseinanderziehen, trocknen lassen, in leicht gesalzenes kochendes Wasser geben und in etwa 10 Minuten garen, dann abschrecken und als Beigabe zu geschmortem Fleisch oder Kompott reichen.

Nachtisch – süß und fruchtig

Die süße Nachspeise soll so etwas wie ein beschwingter, duftiger Schlußpunkt sein – hier empfiehlt es sich nicht, schweres Geschütz aufzufahren. Obst ist deshalb besonders gut geeignet als Nachspeisen-Grundlage. In irgendeiner Erscheinungsform steht es das ganze Jahr über zur Verfügung, und außer-

dem kann man auch noch auf Konserven zurückgreifen, die in reicher Vielfalt angeboten werden.
Eis liefert die Tiefkühltruhe, wenn man sich nicht selbst die Zeit nehmen will, im Eisfach des Kühlschrankes welches zu bereiten – es dauert zwei bis drei Stunden.
Und dann gibt es noch das ganze umfangreiche Arsenal der Puddingpulver-Industrie. Neben den gekochten Puddingspeisen haben sich auch die kalt geschlagenen Süßspeisen recht gut durchgesetzt, wenn sie es auch nicht immer mit den »altmodischen« gekochten Puddingen aufnehmen können, was den Geschmack betrifft.
So oder so – die Nachspeise braucht auch bei Zeitmangel nicht zu fehlen, und wenn der Kochplan wirklich keine freie Minute mehr aufweist, tut es auch ein aus der Hand gegessener Apfel, eine Weintraube, eine Handvoll Kirschen oder eine Apfelsine.

Garniertes Eis (10)

Eis aus der Tiefkühltruhe beliebig mit Früchten, Fruchtsaft, steifer Schlagsahne, Waffeln oder Makronen garnieren, bis zum Auftragen in den Kühlschrank (Eisfach) stellen.

Birne Hélène (10)
(439 Kalorien / 1838 Joule)

2 kleine Portionen Vanilleeis aus der Tiefkühltruhe, 2 gedünstete Birnen aus der Dose, 65 g Kuvertüre, etwas Schlagsahne.

Vanilleeis auf zwei flache Glasschalen verteilen, mit halbierten Birnen belegen und mit Schlagsahne überziehen. Warme Schokoladensoße oder zerlassene heiße Kuvertüre gesondert dazu reichen.

Pfirsich Melba (10)
(288 Kalorien / 1206 Joule)

2 kleine Portionen Vanilleeis aus der Tiefkühltruhe, 2 gedünstete Pfirsiche aus der Dose, Himbeermark, etwas Schlagsahne.

Vanilleeis auf zwei flache Gläser verteilen, mit halbierten Pfirsichen belegen, mit Himbeermark überziehen und mit Schlagsahne verzieren.

Gedünstetes Obst (Kompott) (10)
(168 Kalorien / 703 Joule)

250 g Heidelbeeren, Erdbeeren, Aprikosen, Himbeeren, Johannisbeeren oder Kirschen, Zucker nach Bedarf.

Früchte vorbereiten (verlesen, entsteinen, zerkleinern – je nach Obstart), einzuckern, Saft ziehen lassen, zum Kochen bringen und bei schwacher Hitze weich dünsten. Nach Belieben nachzuckern. Bei Heidelbeeren etwas Zitronenschale mitdünsten, Kirschen mit Vanillezucker verfeinern. Kalt zum Nachtisch oder als Beigabe reichen.

Erdbeerquark (10)
(155 Kalorien / 649 Joule)

125 g Quark, 1 bis 2 Eßlöffel Zucker, $^{1}/_{2}$ kleine Dose Erdbeeren, $^{1}/_{2}$ Päckchen Vanillezucker.

Quark durch ein Sieb streichen, ebenso die Erdbeeren (Saft und einige ganze Beeren zurücklassen), beides mit Zucker und Vanillezucker schaumig schlagen, mit ganzen Früchten garniert anrichten, Fruchtsaft dazugeben. Zubereitung im Mixgerät: Alle Zutaten in den Mixbecher geben, 2 bis 3 Minuten auf höchster Stufe verarbeiten.

Quark-Fruchtkaltschale (10)
(318 Kalorien / 1331 Joule)

100 g frische, eingezuckerte Erdbeeren (oder Erdbeeren aus der Dose), $^{1}/_{2}$ kleine Dose Mirabellen, 150 bis 200 g Sahnequark, Zucker, Zitronensaft, 1 bis 2 Eßlöffel Dosenmilch, Pumpernickel.

Quark mit Dosenmilch, einigen Eßlöffeln Mirabellensaft, Zitronensaft und Zucker (möglichst im Mixer) glatt schlagen. Die Früchte auf Portionsteller verteilen und mit Quarkmasse übergießen. Mit geriebenem Pumpernickel bestreut anrichten.

Obstpasteten (10)
(461 Kalorien / 1930 Joule)

2 Blätterteigpasteten, 2 gedünstete Pfirsiche, Rum, etwas Schlagsahne, Zucker.

Einen Pfirsich in kleine Würfel schneiden, mit Rum aromatisieren. Sahne steif schlagen und zuckern, mit den Pfirsichwürfeln mischen, die beiden fertig gekauften Pasteten damit füllen und mit halben Pfirsichen zudecken. *Abwandlung:* Anderes Dosenobst verwenden, beispielsweise Sauerkirschen, Erdbeeren oder Pflaumen.

Kirsch-Sahne-Becher (10)
(338 Kalorien / 1415 Joule)

$^{1}/_{2}$ Dose Kirschen, bei Bedarf etwas Zucker, Maraschino, $^{1}/_{8}$ l Schlagsahne, Zucker.

Kirschen entsteinen, bei Bedarf etwas nachzuckern, mit Maraschino aromatisieren. Sahne steif schlagen und süßen. Abwechselnd Kirschen und Sahne in hohe Gläser füllen, etwas Kirschsaft dabei auf die unterste Kirschenschicht geben. Kalt servieren. *Abwandlung:* Beliebiges anderes Dosenobst verwenden, beispielsweise Heidelbeeren, Pfirsiche, Pflaumen oder Erdbeeren, auch mehrere Sorten gemischt. Mit Weinbrand, Rum oder einem passenden Likör aromatisieren.

Hollywood-Nachspeise (20)
(231 Kalorien / 967 Joule)

2 Grapefruits, je 1 Eßlöffel geschnittene Apfelsinen, Bananenscheiben, Birnenwürfel und Weinbeeren, Walnußkerne, 1 Eßlöffel Mayonnaise, etwas Weinbrand.

Grapefruits aushöhlen, Schalenränder auszacken. Gewürfeltes Grapefruitfleisch mit den übrigen zerkleinerten Früchten mischen, Mayonnaise (nach Belieben mit Sahne verdünnen) darunterheben, die Masse auf die Grapefruitschalen verteilen, mit Weinbrand beträufeln, kalt zu Tisch geben. *Abwandlungen:* Früchte in einer Soße aus Essig, Öl, Salz Pfeffer und Zucker marinieren oder mit ungeschlagener Sahne begießen.

Apfelkompott (20)
(183 Kalorien / 766 Joule)

350 g Äpfel, 50 g Zucker, etwas Wasser, 1 Stück Zitronenschale, Weißwein, nach Belieben Zimt.

Äpfel schälen, vom Kerngehäuse befreien, in Scheiben schneiden, mit wenig Wasser, Zucker und Zitronenschale nicht zu weich dünsten, herausnehmen und die Brühe etwas einkochen. Mit Weißwein abschmecken, über die Äpfel gießen, nach Belieben mit Zimt würzen. *Abwandlung:* Apfelbrühe mit wenig kalt angerührter Speisestärke binden.

Pflaumengrütze (20)
(183 Kalorien / 766 Joule)

250 g Pflaumen, 1 Stück Zimt, Zucker nach Geschmack, Zitronensaft, 40 g Speisestärke.

Pflaumen entsteinen und halbieren, mit Zimt in $^1/_4$ l kochendes Wasser geben und 5 Minuten kochen, dann den Saft abgießen und auf $^3/_8$ l auffüllen. Mit kalt angerührter Speisestärke verrühren, aufkochen, mit Zucker und Zitronensaft abschmecken, die Pflaumen damit vermengen, in eine ausgespülte Glasschüssel füllen und kalt werden lassen.

Pudding mit Früchten (20)

(429 Kalorien / 1796 Joule)

1 Päckchen Vanille- oder Mandelpuddingpulver, ½ l Milch, 40 g Zucker, 250 g gedünstetes oder Dosenobst.

Pudding mit Milch und Zucker nach Vorschrift zubereiten. Obst in eine Glasschüssel geben, nach Belieben den Saft zurückbehalten, mit wenig kalt angerührter Speisestärke binden und als Soße reichen. Den heißen Pudding über die Früchte gießen, kalt werden lassen.

Rote Grütze (20)

(287 Kalorien / 1201 Joule)

½ l verdünnter roter Fruchtsaft (Himbeer-, Johannisbeer-, Kirsch- oder Pflaumensaft, nach Belieben mit Rotwein gemischt), Zucker nach Geschmack, 40 g Speisestärke; Dosenmilch, Sahne oder Vanillesoße.

Fruchtsaft nach Belieben zuckern, zum Kochen bringen, kalt angerührte Speisestärke hineingeben, aufkochen lassen, in eine kalt ausgespülte Schüssel oder Form füllen. Nach dem Erstarren stürzen und beliebig mit Früchten garnieren. Mit Dosenmilch, Sahne oder Vanillesoße zu Tisch geben. *Abwandlung:* Grütze mit Grieß anstatt mit Speisestärke bereiten, bis zum Erkalten mit dem Schneebesen oder im Rührgerät schaumig schlagen bzw. rühren, dann erst in die Schüssel füllen.

Apfelsinen »Monte Rosa« (20)
(275 Kalorien / 1151 Joule)

2 große Apfelsinen, 1 Paprikaschote, $^{1}/_{8}$ l Schlagsahne, Zucker, Ingwer, Zitronensaft, Paprika.

Apfelsinen vorsichtig aushöhlen, Schalenrand zackenförmig beschneiden. Apfelsinenfleisch in Stückchen schneiden und abwechselnd mit Würfelchen der von Kernen und Scheidewänden befreiten Paprikaschote in die Schalen füllen. Sahne mit wenig Zucker steif schlagen, mit gemahlenem Ingwer und Zitronensaft pikant abschmecken, die Apfelsinen damit garnieren, den Rest gesondert reichen. Sahne mit etwas Paprikapulver bepudern.

Tuttifrutti pikant (20)
(107 Kalorien / 448 Joule)

1 Apfel, Zitronensaft, 1 Aprikose, einige Kirschen oder Weintrauben und Mandarinorangenspalten, Olivenöl, Weinessig, Salz, Pfeffer, 1 Prise Zucker.

Apfel schälen und in feine Scheiben schneiden, mit Zitronensaft beträufeln. Aprikose entsteinen und fein würfeln, Kirschen oder Weintrauben von Kernen befreien, alles zusammen mit Mandarinorangen in hohe Gläser schichten. Aus 3 Teilen Öl, 1 Teil Essig, Salz, Pfeffer und Zucker eine Marinade anrühren und die Früchte damit überfüllen. Gekühlt zu Tisch geben.

Früchtecocktail (20)
(337 Kalorien / 1411 Joule)

Je $^{1}/_{2}$ kleine Dose Pflaumen, Birnen und Preiselbeeren, $^{1}/_{8}$ l süße Sahne, Zitronensaft, 1 bis 2 Eßlöffel Weinbrand, etwas Zucker.

Früchte abtropfen lassen, Pflaumen bei Bedarf entsteinen. Etwa $^2/_3$ des Fruchtsaftes mit Zitronensaft, Weinbrand und Zucker abschmecken, mit den Früchten vermengen, durchziehen lassen. Das Obst in hohen oder flachen Sektgläsern anrichten, mit der ungeschlagenen Sahne übergießen. Nach Belieben kleine Makronen dazu reichen.

Bäckerei ohne Zeitprobleme

»Zum Backen«, das kann man als landläufige Meinung hören, »braucht man so viel Zeit, daß es sich im kleinen Haushalt gar nicht lohnt, damit anzufangen.« Bei näherer Betrachtung des einschlägigen Rezeptgutes zeigt sich bald, daß dieses Urteil ein Vorurteil ist. Es gibt eine ganze Reihe leckerer Bäckereien, die in weniger als 60 Minuten fertiggestellt werden können – die folgenden Seiten nennen einige erprobte Beispiele. Selbstverständlich wird man sich nicht mit Hefeteig, komplizierten Rührteigen und umständlich zu garnierenden Torten aufhalten, wenn die Zeit drängt.

Aber ein paar Waffeln, ein Teller voll Räderkuchen, bei feierlichen Anlässen einige Windbeutel oder eine Obsttorte aus Knetteig – das kann man sich auch leisten, wenn man keine Lust und Zeit hat, stundenlang in der Küche zu stehen. Arbeitserleichternd wirken ein Handrührgerät oder ein Mixstab, der langwierige Rührvorgänge abkürzt und das Kneten zum Vergnügen macht. Wer über ein solches Gerät verfügt, wird in der Betriebsanleitung weitere wichtige Tips finden, die die Arbeit abkürzen. Aus der Tiefkühltruhe gibt es für die häusliche Backstube fertigen Blätterteig, den man am Morgen zum Auftauen hinlegen und mittags verarbeiten kann. Ungekühlt sind die fertigen Strudelblätter, aus denen man nicht nur köstlichen Apfelstrudel, sondern auch Maultaschen für den Mittagstisch bereiten kann, mit Hackfleisch oder auch mit Obst gefüllt und in der Bratenpfanne gebacken.

Waffeln (20)
(1239 Kalorien / 5186 Joule)

150 g Butter, 125 g Zucker, 1 Päckchen Vanillezucker, 3 Eier, abgeriebene Schale einer halben Zitrone, 150 g Mehl.

Butter sahnig rühren, nach und nach Zucker, Vanillezucker, Eier, Zitronenschale, zuletzt das Mehl dazugeben und zu einem flüssigen Teig verrühren, bei Bedarf etwas Rum oder Milch hinzufügen. In das gefettete Waffeleisen füllen und portionsweise goldgelb backen, mit Zucker oder Puderzucker bestreut heiß oder kalt reichen.

Bunte Obsttorte (20)
(109 Kalorien / 456 Joule)

1 Tortenboden, ca. 500 g Früchte (z. B. Pfirsiche, Kirschen und Himbeeren, oder Ananas, Bananen und Aprikosen), 1 Päckchen Tortenguß, Semmelmehl, nach Belieben Mandeln, Schlagsahne.

Tortenboden mit Semmelmehl bestreuen. Weiche Früchte (Himbeeren, Bananen) roh verwenden, festere Früchte dünsten, gut abtropfen lassen. Die zerteilten Früchte auf dem Tortenboden anordnen, mit dem nach Vorschrift bereiteten Tortenguß überziehen, nach Belieben mit blättrig geschnittenen Mandeln und Schlagsahne garnieren oder Schlagsahne gesondert reichen.

Räderkuchen (20)
(84 Kalorien / 352 Joule)

250 g Mehl, knapp 1 getrichenen Teelöffel Backpulver, 50 g Zucker, 1/2 Päckchen Vanillezucker, abgeriebene Zitronenschale, 2 Eier, 1 Eßlöffel Rum, 65 g Butter, Backfett, Puderzucker.

Mehl mit Backpulver mischen und sieben, auf ein Backbrett geben, die übrigen Zutaten nach den Regeln für die Knetteig-Herstellung (Seite 164), Knetteig-Tortenboden) dazugeben und alles zu einem glatten Knetteig verarbeiten. 3 mm dick ausrollen, 3×10 cm große Rechtecke ausradeln, in der Mitte einen Schlitz machen und ein Ende des Teigstreifens durchziehen. In heißem Fett schwimmend goldgelb backen, abtropfen lassen und mit Puderzucker besieben.

Obsttörtchen (20)

(188 Kalorien / 787 Joule)

Teig wie zu Knetteig-Tortenboden; ca. 300 g frische oder gedünstete Früchte, Schlagsahne, nach Belieben Tortenguß.

Knetteig bereiten, in gefettete kleine Förmchen drücken, bei etwa 200° C in 12 bis 15 Minuten backen, stürzen und auskühlen lassen. Mit Früchten belegen, nach Belieben mit Tortenguß überziehen, mit Schlagsahne garnieren. Weiches Obst (Erdbeeren, Himbeeren, Heidelbeeren, Bananen) roh verwenden, andere Obstarten dünsten oder Dosenobst nehmen.

Füllungen:

1. Ananasecken und Mandarinenspalten,
2. Apfelspalten, Rosinen und Walnußkerne,
3. Mirabellen und Kirschen,
4. Apfelsinen- und Bananenscheiben,
5. Pfirsichschnitze und blaue Weinbeeren.

Törtchen können auf Vorrat gebacken und im Frischhaltebeutel vor dem Austrocknen bewahrt werden.

Knetteig für Kleingebäck (30)

(2250 Kalorien / 9419 Joule)

250 g Mehl, 1 gestrichenen Teelöffel Backpulver, 125 g Butter oder Margarine, 65 g Zucker, abgeriebene Zitronenschale, 1 Ei, 1 Päckchen Vanillezucker, 1 Prise Salz.

Zutaten zu Knetteig (siehe Knetteig-Tortenboden) verarbeiten, im Kühlschrank ruhen lassen, zu Kleingebäck weiterverarbeiten:

1. dünn ausrollen, runde Plätzchen ausstechen, auf das gefettete Backblech legen, in 8 bis 10 Minuten bei 175 bis 200° C backen, jeweils zwei Plätzchen mit Konfitüre bestrichen zusammensetzen, in Vanillezucker wälzen;
2. die Plätzchen vor dem Backen mit verquirltem Eigelb bestreichen, mit gehackten Mandeln, Buntzucker oder Hagelzucker bestreuen.

Knetteig-Tortenboden (30)

(142 Kalorien / 594 Joule)

180 g Mehl, 80 g Zucker, $^{1}/_{2}$ gestrichener Teelöffel Backpulver, 80 g Butter oder Margarine, 1 Ei, 1 Päckchen Vanillezucker, etwas abgeriebene Zitronenschale, 1 Prise Salz.

Mehl und Backpulver auf das Backbrett sieben, in der Mitte eine Vertiefung eindrücken, Zucker, Vanillezucker, Zitronenschale, Salz und Ei hineingeben, mit der Hälfte des Mehls zu Brei verarbeiten. Das in Stücke geschnittene Fett darauflegen, mit Mehl zudecken und alles schnell zu einem geschmeidigen Teig verkneten. Eine Tortenbodenform fetten, mit dem Teig belegen (darauf achten, daß der vertiefte Rand mit Teig gefüllt wird), Teig mit der Gabel einstechen, den Tortenboden bei 200 bis 210° C in etwa 15 bis 20 Minuten backen, abkühlen lassen und belegen. Der Boden kann auch schon zwei bis drei Tage vor Gebrauch gebacken werden. Im Frischhaltebeutel aufbewahren, damit er nicht austrocknet.

Biskuitrolle mit Konfitüre (30)

(183 Kalorien / 766 Joule)

4 Eier, 100 g Zucker, 1 Päckchen Vanillezucker, 25 g Puderzucker, 75 g Mehl, 50 g Speisestärke, 1 Messerspitze Backpulver, ca. 250 g Konfitüre oder Marmelade, gehobelte Haselnüsse.

Eigelb mit 3 Eßlöffeln warmem Wasser schaumig rühren, nach und nach Zucker und Vanillezucker dazugeben, die Masse cremig schlagen. Eiweiß mit Puderzucker zu steifem Schnee schlagen und auf die Eigelbcreme gleiten lassen. Mehl mit Speisestärke und Backpulver mischen und auf die Eiweißmasse sieben, vorsichtig unter die Creme heben. Teig auf ein mit Pergamentpapier belegtes Backblech streichen, bei 200 bis 220° C in 12 bis 15 Minuten backen. Auf ein mit Zucker bestreutes Stück Papier stürzen, das Backpapier mit kaltem Wasser anfeuchten und abziehen. Biskuit mit Konfitüre und Marmelade bestreichen, sofort aufrollen, außen dünn mit Konfitüre überziehen, nach Belieben mit gehobelten Haselnüssen bestreuen.

Pikante Blätterteighappen (30)

(271 Kalorien / 1134 Joule)

1 Packung Blätterteig aus der Tiefkühltruhe, Reibkäse, Doppelrahmfrischkäse, Curry oder Paprika, blaue Weinbeeren.

Blätterteig nach Vorschrift auftauen lassen, gut messerrückendick ausrollen, Teigfläche halbieren. Eine Hälfte mit Reibkäse bestreuen, den Käse mit der Kuchenrolle etwas andrücken. Dreiecke mit 3 cm Kantenlänge schneiden. Zweite Teighälfte zu Plätzchen mit 2 bis 3 cm Durchmesser ausstechen. Die Plätzchen auf ein mit kaltem Wasser abgespültes Backblech setzen, bei 200 bis 220° C in etwa 18 bis 22 Minuten goldgelb backen. Auf die runden Plätzchen sahnig gerührte, mit Curry oder Paprika abgeschmeckten Käse spritzen (Tortenspritze verwenden), jeden Käsehaufen mit einer Weinbeere krönen. Zum Cocktail reichen.

Eberswalder Spritzkuchen (30)

(116 Kalorien / 486 Joule)

Zutaten für den Teig wie bei Windbeutel (Seite 167); Puderzucker, Zitronensaft.

Teig nach Vorschrift zubereiten, in den Spritzbeutel füllen und auf gefettetes Pergamentpapier Kränze mit 4 cm Durchmesser spritzen, vom Papier in heißes Ausbackfett gleiten lassen und von beiden Seiten goldbraun backen. Nach dem Abtropfen mit Glasur aus Puderzucker und Zitronensaft (oder Rum) überziehen.

Pfitzauf (40)

(105 Kalorien / 439 Joule)

100 g Mehl, $^1/_2$ Päckchen Backpulver, 1 Prise Salz, 30 g Butter oder Margarine, 1 Ei, $^1/_8$ l Milch, nach Belieben 100 g Rosinen.

Mehl und Backpulver mischen und in eine Schüssel sieben, Ei, Milch und Salz dazugeben, mit etwas Mehl verrühren, dann das Fett und (nach Belieben) die Rosinen hinzufügen und alles zu einem weichen Teig verarbeiten. Kleine Auflaufförmchen (oder eine sechsteilige Pfitzaufform) knapp zur Hälfte mit dem Teig füllen, bei 210 bis 220° C in 20 bis 25 Minuten backen, frisch zu Tisch geben, Butter und Konfitüre dazu reichen.

Apfel im Schlafrock (40)

(342 Kalorien / 1411 Joule)

Knetteig für Kleingebäck, kleine Äpfel, Aprikosenmarmelade, 1 Eigelb.

Knetteig 4 mm dick ausrollen und Quadrate mit etwa 12 cm Kantenlänge ausschneiden. Äpfel schälen, Kerngehäuse ausstechen, Hohlraum mit Marmelade füllen, die Äpfel auf die Teigquadrate stellen. Teigränder mit verquirltem Eigelb bestreichen, den Teig um den Apfel schlagen, gut andrücken, ein mit Eigelb bestrichenes Teigplätzchen aufsetzen. Mit Eigelb bepinseln und in 20 bis 25 Minuten bei 190 bis 200° C backen. Warm mit Puderzucker bestreut zu Tisch geben.

Windbeutel (40)

(217 Kalorien / 908 Joule)

1/4 l Wasser, 60 g Fett, 1 Prise Salz, 150 g Mehl, 25 g Speisestärke, 1 gestrichenen Teelöffel Backpulver, 4 bis 6 Eier, Schlagsahne, Puderzucker.

Wasser, Fett und Salz im Topf zum Kochen bringen, das mit Speisestärke gesiebte Mehl auf einmal hineinschütten, auf kleiner Flamme schnell zu einem glatten Kloß verrühren und unter weiterem Rühren ein bis zwei Minuten abbrennen, bis sich der Teig vom Topf löst und der Boden einen weißen Belag zeigt. Teig in eine Schüssel geben, Eier der Reihe nach damit verrühren, bis der Teig zu glänzen und in langen Spitzen vom Löffel abzureißen beginnt. Von diesem Zeitpunkt an keine weiteren Eier dazugeben. Mit dem Teelöffel Teighäufchen von 3 bis 4 cm Durchmesser (weite Abstände einhalten!) auf ein gefettetes, schwach bemehltes Backblech setzen. Bei 200 bis 220° C im vorgeheizten Ofen in etwa 25 bis 30 Minuten backen. Vorsichtig aus dem Ofen nehmen, etwas abkühlen lassen. Die noch warmen Windbeutel aufschneiden, nach dem Erkalten mit Schlagsahne füllen und mit Puderzucker besieben.

Blätterteiggebäck (40)

(202 Kalorien / 846 Joule)

1 Packung Blätterteig aus der Tiefkühltruhe, Aprikosengelee, nach Belieben verquirltes Eigelb, Füllung, Glasur.

Blätterteig nach Vorschrift auftauen lassen, etwa 5 mm dick ausrollen und zu Kleingebäck verarbeiten:

1. 9×9 cm große Quadrate ausschneiden, mit Marzipanmasse belegen (fertig einkaufen), wie ein Buch zusammenklappen, »Kammzähne« einschneiden und etwas auseinanderbiegen, mit Eigelb bestreichen;
2. gleich große Quadrate schneiden, mit Zucker und Eigelb verrührten passierten Quark in die Mitte geben, zwei ge-

genüberliegende Spitzen schiffchenförmig zur Mitte zusammenlegen, mit Eigelb bestreichen;

3. Quadrate mit 12 cm Kantenlänge schneiden, zu Dreiecken zerschneiden, mit Marzipanmasse oder Marmelade belegen, zu Hörnchen zusammenrollen, leicht biegen, mit Eigelb bestreichen;
4. Quadrate mit 8 cm Kantenlänge von den Ecken her einschneiden, die Spitzen so umbiegen, daß Windräder entstehen, in die Mitte eine kandierte Kirsche legen.

Den Teig auf ein mit kaltem Wasser abgespültes Backblech legen, ausreichende Abstände einhalten, bei 200 bis 220° C in etwa 20 bis 25 Minuten backen. Heißes Gebäck mit verdünntem heißem Gelee pinseln, etwas einziehen lassen, nach Belieben mit Glasur aus Puderzucker und Wasser oder Zitronensaft überziehen.

Apfelkuchen (60)

(190 Kalorien / 795 Joule)

Teig wie zu Knetteig-Tortenboden (Seite 164), 400 bis 600 g nicht zu saure Äpfel, 80 g Rosinen, Zucker und Zimt.

Teig bereiten, eine gefettete Springform damit auslegen, nach Belieben einen niedrigen Rand formen (nicht unbedingt nötig), den Boden mehrmals mit der Gabel einstechen. Äpfel schälen, vom Kerngehäuse befreien, in Spalten schneiden und den mit Semmelmehl bestreuten Teig gleichmäßig und dicht damit belegen. Rosinen waschen und überbrühen, über die Äpfel streuen, nach Belieben noch 50 bis 100 g gehackte Mandeln. Bei etwa 200° C in 35 bis 45 Minuten backen, aus dem Ofen nehmen und mit Zimt und Zucker bestreuen, abkühlen lassen, aus der Form nehmen.

Pflaumenkuchen (60)

(171 Kalorien / 716 Joule)

Teig wie zu Knetteig-Tortenboden, 400 bis 600 g Pflaumen, Zucker und Zimt.

Zubereitung wie Apfelkuchen. Den Kuchen noch heiß mit Zucker und Zimt bestreuen, abkühlen lassen; möglichst bald aus der Form nehmen, damit der Kuchen keinen Blechgeschmack annimmt.

Apfelstrudel (60)

(841 Kalorien / 3520 Joule)

1 Strudelblatt (fertig gekauft), 750 g Äpfel, 75 g Rosinen, 75 g abgezogene, gehackte Mandeln, 75 g Zucker, Zimt, Butter zum Bestreichen, saure Sahne, Puderzucker.

Äpfel schälen, vom Kerngehäuse befreien und in feine Scheiben schneiden, Rosinen überbrühen. Strudelblatt auf ein sauberes Geschirrtuch legen, auseinanderfalten, mit zerlassener Butter einpinseln, mit Sahne bestreichen und die Füllung aus Äpfeln, Rosinen und Mandeln gleichmäßig darauf verteilen, mit Zucker und Zimt bestreuen. Strudel vorsichtig zusammenrollen, mit Butter bepinseln und im mäßig heißen Ofen etwa 40 bis 50 Minuten backen. Mit Puderzucker bestreut warm oder kalt zu Tisch geben.

Eischwerkuchen (60)

(213 Kalorien / 892 Joule)

4 ganze Eier, die gleiche Gewichtsmenge Zucker, Butter und Mehl, abgeriebene Schale einer halben Zitrone, 1 Messerspitze Backpulver, 1 Päckchen Vanillezucker, je 35 g Rosinen, Zitronat und gehackte Mandeln.

Butter schaumig rühren, nach und nach Zucker, Eier, Vanillezucker, Zitronenschale und das mit Backpulver gemischte, gesiebte Mehl dazugeben. Zuletzt Rosinen, geschnittenes Zitronat und Mandeln hineinrühren. Teig in eine gefettete Napfkuchenform füllen, in 40 bis 45 Minuten bei 175 g bis 200° C backen. Etwas abkühlen lassen, aus der Form nehmen und mit Puderzucker besieben.

Kalte Küche – festlich und bunt

Im allgemeinen versteht man unter kalter Küche nur solche kalten Gerichte, die man seinen Gästen zugedacht hat. Diese Auffassung ist nicht ganz unberechtigt, denn das Herrichten und Garnieren der leckeren kleinen oder größeren Happen kostet nun einmal Zeit und viel Zutaten. Andererseits fragt es sich, warum man nur seine Gäste mit festlichen und bunten Kleinigkeiten erfreuen soll und nicht gelegentlich auch sich selbst. Für einen gemütlichen Abend zu zweit gibt es zahlreiche Möglichkeiten, die Kunst der kalten Küche auch in kleinerem Rahmen auszuüben und zu erproben.
Viele Fertigprodukte erleichtern die Arbeit und helfen Zeit sparen:
Schinken und Wurst, Fisch-, Fleisch- und Gemüsekonserven, fertige Salate, die man nach Belieben selbst abwandeln kann, raffinierte Würzsoßen und Dressings und mancherlei mehr. Wie wäre es mit einer selbst zusammengestellten Feinschmeckerplatte, dargeboten aus Anlaß des Hochzeitstages oder Geburtstages, zur Feier einer Beförderung oder zum Urlaubsabschluß?
Kalte Gerichte haben den Vorteil, daß man sie rechtzeitig vor dem festlichen Ereignis fertigstellen kann. Man ist nach Beginn der kleinen Feierlichkeit nicht mehr gestört, sondern braucht Salate und Platten, appetitliche Bissen und pikante Cocktails nur noch aus dem Kühlschrank zu holen und anzubieten. Diesen Vorteil sollten Sie gebührend ausnutzen.

Kalte Fleischplatte (10)

Auf einer Platte gefällig anrichten: Scheiben von gekochtem und rohem Schinken, von Kasseler Rippespeer und Roastbeef, von Zunge und Gänsebrust und von beliebigen Wurst- und Pastetensorten. Mit Spargelabschnitten, Pfeffergürkchen, gefüllten Oliven, Eischeiben, Petersiliensträußchen, Tomatenachteln und Silberzwiebeln garnieren. Dazu einen fertig gekauften Mayonnaisesalat reichen, nach Belieben in ausgehöhlte

Tomaten gefüllt, außerdem verschiedene Brotarten, Semmeln, Pumpernickel und Toastschnitten.

Kleine Käseplatte (10)

Verschiedene Käsesorten (zum Beispiel Emmentaler, Gouda, Port Salut, Roquefort, Camembert, Brie) auf einem Holzbrettchen anrichten, zur Selbstbedienung mit Käsemesser, verschiedenen Brotsorten (Weißbrot, Graubrot, Pumpernickel) und Butter (Röllchen oder Kugeln) zu Tisch geben. Nach Belieben kleine Käsehappen dazu reichen: Streichschmelzkäse oder Doppelrahmfrischkäse glattrühren, mit Paprika, Curry, gehackten Kräutern, Kümmel, Würzsoßen, Tomatenmark, Meerrettich, gehackten Zwiebeln oder Gurken verrühren, pikant abschmecken und auf Kräcker oder kleine Pumpernickeltaler spritzen. Käseplatte mit Salzstangen und -brezeln und blauen Weintrauben garnieren.

Käsetrüffel (10)
(313 Kalorien / 1310 Joule)

1 Ecke Streichschmelzkäse, 60 g Butter, 1 Teelöffel geriebener Meerrettich, Salz, Paprika, geriebener Pumpernickel.

Butter schaumig rühren, mit dem Käse vermischen und mit Salz und Paprika würzen. Aus der Käsemasse kleine Kugeln formen, in Pumpernickel wenden, etwas abkühlen lassen und zur Käseplatte oder zum Wein reichen.

Gänseleberbissen (10)
(169 Kalorien / 707 Joule)

Gänseleberpastete, nach Belieben Butter, kleine runde Weißbrotscheiben.

Weißbrot nach Belieben buttern, mit dicken Scheiben Gänseleberpastete belegen, frisch zu Tisch geben.

Kaviarhappen (10)
(230 Kalorien / 963 Joule)

1 kleine Dose Kaviar, Butter, Zitronensaft, kleine runde Weißbrotscheiben.

Brotscheiben mit Zitronenbutter (Butter schaumig rühren, Zitronensaft dazugeben, abkühlen lassen) bestreichen, dick mit Kaviar belegen. Nach Belieben Zitronenachtel dazu reichen.

Kleine Schlemmerplatte (10)
(325 Kalorien / 1360 Joule)

Pro Person 50 g roher Schinken, 1/2 hartgekochtes Ei, 1 Teelöffel Krabben, Mayonnaise, Apfelsinenscheiben, Melonenwürfel, helle und dunkle Weinbeeren. – Zur Soße: *Zitronensaft, Honig, Paprika, Tomatenketchup.*

Schinken würfeln, auf einen Portionsteller geben, mit dem halben Ei belegen. Krabben waschen, abtropfen lassen, mit Mayonnaise überziehen und das Ei damit garnieren. Apfelsinenscheiben, Melonenwürfel und Weinbeeren dazulegen. 1/3 Zitronensaft mit 1/3 Honig vermischen, mit Paprika und Ketchup lieblich-pikant abschmecken.

Beefsteak Tatar (10)
(530 Kalorien / 2219 Joule)

250 g Hackfleisch, 2 Eigelb, knapp 1/2 Teelöffel Paprika, 1 Zwiebel, 1 Teelöffel Tomatenketchup, 1 Teelöffel Senf, Salz, Pfeffer, Essig, Öl.

Hackfleisch in 2 Portionen teilen, zu flachen Klößchen geformt anrichten, in die Mitte Vertiefungen drücken und mit Eigelb besetzen. Übrige Zutaten in kleinen Schälchen dazu reichen. Am Tisch das Fleisch mit Ei und Würzzutaten (2 Gabeln verwenden) miteinander vermengen, beliebig abschmecken.

Kleine Schwedenplatte (10)
(539 Kalorien / 2256 Joule)

Je 1 Dose Fischfilet in Tomatensoße, Rollmöpse und Lachs, 1 hartgekochtes Ei, 2 Tomaten, 1 Zwiebel, etwas Kaviar, Mayonnaise.

Fischfilet mit Eierachteln garnieren, den Rollmöpsen kleine Tomatenhütchen und Zwiebelringe aufsetzen, die Lachsscheiben rollen und mit Mayonnaise und Kaviar verzieren, nach Belieben auch mit etwas Mayonnaise füllen. Dazu verschiedene Brotsorten reichen.

Hummercocktail (20)
(237 Kalorien / 992 Joule)

Für 4 Personen: 1 Dose Hummerfleisch, je 1 kleine Dose Spargelköpfe und Champignons, 125 g Mayonnaise, 2 Teelöffel Tomatenmark, 3 Eßlöffel Dosenmilch, Salz, Pfeffer, Zucker, Saft einer halben Zitrone, gehackte Petersilie.

Hummerfleisch in gleichmäßige Stücke schneiden, Spargel und Champignons beliebig teilen, in flache Gläser füllen. Mayonnaise mit Tomatenmark, Milch mit Zitronensaft verrühren, mit Salz, Pfeffer und Zucker abschmecken, über die anderen Zutaten füllen, mit gehackter Petersilie bestreuen. *Abwandlung:* Gemüse weglassen, Soße aus Tomatenketchup, Sherry, Zitronensaft, Tabascosoße, Salz und Pfeffer anrühren, auf grünen Salatblättern in flachen Schalen anrichten.

Zungencocktail »Vendôme« (20)
(380 Kalorien / 1591 Joule)

Breite Gläser mit Salatblättern auslegen. Spargelspitzen aus der Dose und Streifen von Pökelzunge 10 Minuten in Weinbrand marinieren, auf den Salatblättern anrichten, mit Tomatenketchup beträufeln und kurz vor dem Anrichten mit etwas Weinbrand verfeinern.

Matjescocktail (20)
(614 Kalorien / 2570 Joule)

Breite Gläser mit gewaschenen Salatblättern auslegen. Zarte Matjesfilets in Stücke schneiden; wenn sie sehr salzig sind, kurze Zeit in Milch legen, dann abtropfen lassen. Mayonnaise mit Worcestersoße, Kräuteressig und Weinbrand verrühren, mit Pfeffer abschmecken, mit gehackter Petersilie und Estragon verfeinern und auf die Gläser verteilen. Die Matjesstücke darauf legen, mit Tomatenketchup beträufeln und mit Zwiebelwürfelchen bestreuen. Kalt mit Zitronenscheiben zu getoasteten Weißbrotdreiecken reichen.

Langustencocktail (20)
(436 Kalorien / 1825 Joule)

1 kleine Dose Langustenfleisch, 1 Grapefruit, 1 bis 2 hartgekochte Eier, 70 g Mayonnaise, 4 Eßlöffel Sahne.

Langustenfleisch in kleine Stücke schneiden, Grapefruit fein würfeln, Eier grob hacken. Mayonnaise mit etwas Grapefruitsaft verrühren, die Sahne (nach Belieben steif geschlagen) darunterrühren oder -heben. Langustenfleisch, Grapefruitwürfel und Eier in flache Gläser oder Schalen füllen, mit der Soße überziehen.

Illustrierte Semmeln (20)

Semmeln, Butter, Belag siehe unten).

Semmeln aufschneiden und buttern, mit kräftigem Belag füllen und zu Tee oder Bier, auch als Mitternachtsimbiß, reichen. Belagvorschläge:
1. Salatstreifen, Rührei, Streifen von gekochtem Schinken,
2. kleine gekochte oder gebratene Klopse mit Tomatenketchup,
3. feingeschnittener Salat, Scheiben von hartgekochten Eiern, Räucherspeckstreifen oder -scheibchen,

4. Fleischsalat oder Heringssalat,
5. Würfel von rohem Schinken und Gewürzgurke, mit Mayonnaise angemacht.

Dazu nach Belieben Tomatenketchup mit Zwiebelwürfelchen und Mayonnaise mit Gurkenwürfelchen und gehackten Kräutern als pikante Beigabe reichen.

Spargelsalat mit Champignons (20)
(183 Kalorien / 766 Joule)

1/2 Dose Spargelköpfe, 1 kleine Dose Champignons, 50 g Mayonnaise, 1 Eßlöffel Dosenmilch, Salz, Zucker, Zitronensaft, Worcestersoße.

Spargelköpfe nach Belieben teilen, Champignons in Scheiben schneiden. Mayonnaise mit Dosenmilch verrühren, mit den angegebenen Zutaten würzen, Spargelköpfe und Champignons dazugeben und gut durchziehen lassen. Mit Toast und Butter zu Tisch geben.

Jagdwurst-Käse-Salat (20)
(538 Kalorien / 2252 Joule)

100 g Jagdwurst, 75 g Schweizer Käse, 3 hartgekochte Eier, Salatsoße aus Öl, Zitronensaft, Senf, Salz, Zucker und Pfeffer.

Wurst, Käse und Eier in kleine Würfel schneiden, mit Marinade vermengen und gut durchziehen lassen. Mit Toast und Butter reichen.

Heiduckensalat (20)
(387 Kalorien / 1620 Joule)

250 g grüne und rote Paprikaschoten, 2 Tomaten, 125 g gares Rindfleisch, 1/2 Zwiebel, Mayonnaise, Dosenmilch, Salz, Chilisoße.

Paprikaschoten von Scheidewänden und Kernen befreien, in feine Streifchen schneiden. Tomaten in Scheiben schneiden, Fleisch fein würfeln oder in Streifchen schneiden, Zwiebel fein hacken. Mayonnaise mit etwas Dosenmilch verdünnen, mit Salz und Chilisoße pikant abschmecken, die Salatzutaten damit vermengen und gut durchziehen lassen. Als erfrischenden Salat zum kalten Büfett reichen.

Cocktail-Snacks (30)

Kleine Happen für die Cocktailparty oder als Mitternachtsimbiß müssen lecker und bunt angerichtet werden. Das ansehnliche Äußere ist in diesem Fall genauso wichtig wie der gut abgestimmte Geschmack.
Ein paar Vorschläge:

1. kleine Weißbrotquadrate, schichtweise belegt mit Tomate, Pumpernickel, Ei, Gurke und mit Mayonnaise garniert;
2. Pumpernickelquadrate oder -taler, mit Käsewürfeln belegt, als Garnitur eine gedünstete Kirsche oder eine gefüllte Olive;
3. kleine Schiffchen aus Knetteig oder Blätterteig, mit beliebigem Salat oder mit salatgefüllten Wurstrollen belegt;
4. Hälften von hartgekochtem Ei auf beliebigen Brotquadraten, das Eigelb herausgenommen und zu pikanter Füllung verarbeitet.

Bunte Sülzchen (60) (Resteverwertung)

(71 Kalorien / 297 Joule)

1 Päckchen gemahlene Gelatine, knapp ½ l Würfelbrühe, etwas Tomatenmark; dazu beliebige Füllung (siehe unten).

Aus kräftig abgeschmeckter Brühe und Gelatine nach Vorschrift Geliersud bereiten, etwas abkühlen lassen, in kleine Förmchen etwa ½ cm hoch Sud einfüllen, erstarren lassen und die Füllung daraufgeben, mit Sud überfüllen. Für rote Sülze einen Teil des Geliersuds mit Tomatenmark verrühren.

Füllungsvorschläge: Gares Gemüse (Erbsen, Karotten, Blumenkohlröschen, Spargelstücke usw.); Reste von gekochtem oder gebratenem Schlacht- oder Geflügelfleisch oder Wild, fein gewürfelt; gewaschene Krabben; gekochter, gutgewürzter Fisch; Würfel von hartgekochtem Ei, Gewürzgurke und gekochtem Schinken oder beliebiger Wurst.

Kaltes Büfett

Für den Aufbau eines kleinen oder größeren kalten Büfetts gibt es nur die eine Vorschrift, daß nach Möglichkeit jedes Küchengebiet (Fleisch, Fisch, Salate, Käse, Obst, möglichst auch Gemüse) mindestens einmal vertreten sein sollte. Alles übrige ist der Phantasie der Hausfrau überlassen, die je nach Geldbeutel, Gästezahl und Geschmack bestimmen wird, was auf den Tisch kommt.
Das kalte Büfett baut man grundsätzlich zur Selbstbedienung auf. Platten, Schüsseln, Teller, Bestecke und Servietten werden so auf einem Tisch (oder auf mehreren Tischen) arrangiert, daß der Gast einen guten Überblick über die gebotenen Genüsse bekommt und alle Speisen ohne Verrenkungen erreichen kann.
Je nach der verfügbaren Zeit – vieles läßt sich am Tag zuvor schon herrichten oder vorbereiten – stützt man sich ganz oder teilweise auf Speisen aus der eigenen Küche oder nimmt auch die Hilfe eines Feinkostgeschäftes oder einer Hotel-/Stadtküche in Anspruch. Das Standardgetränk ist immer noch die Bowle, aber auch Wein, Sekt, Bier und alkoholfreie Getränke passen dazu.
Vorschläge für die Hauptgruppen:
Fleisch: kaltes Geflügel, Rehrücken, Kalbsleberpastete, Gänseleberpastete, kalter Braten, aufgeschnittenes Kasseler Rippespeer, Wurstplatte, Fleischsalat, Geflügelsalat.
Fisch: Hummer mit Mayonnaise, Hummercocktail, Krebssalat, Räucherfisch (Aal, Schillerlocken, Forellenfilets in Öl), echter Räucherlachs, Schwedenplatte, Fischsalate.

Käse: verschiedene Käsesorten (Emmentaler, Gouda, Camembert, Brie o. ä.), Käsesalat, Käsespießchen; pikant abgeschmeckter Doppelrahmfrischkäse, auf Kräcker gespritzt.
Obst: Erdbeeren mit Sahne, frische Ananas, Obstsalat, frisches Obst (Weintrauben, Pfirsiche, Apfelsinen, Mandarinen) ohne Beigabe, Kompotte aus frischem oder Dosenobst.
Dazu reicht man verschiedene Brotsorten (Weißbrot, Vollkornbrot, Toast, Graubrot), nach Belieben auch Salzstangen, Kräcker und Kartoffelchips.
Beliebt sind kleine pikante Beigaben wie Mixed Pickles, Würzsoßen; zu bestimmten Gerichten passende Soßen (Remoulade zu Roastbeef, Cumberland zu kaltem aufgeschnittenem Rehrücken usw.). Aber auch Canapés, Sandwiches, Dips, Spießchen und Wursttütchen – in ausreichender Menge vorbereitet – werden gern gegessen. (Rezepte folgen.)

Canapés (Bunte Brote)

Brotscheiben dreieckig, rund oder viereckig ausschneiden oder ausstechen, mit einer der folgenden Kombinationen belegen und garnieren:

1. Weißbrot buttern, Scheiben von Hirschkalbsteak, Ananasscheiben; Preiselbeeren als Garnitur;
2. Weißbrot buttern, Scheiben von Puterfleisch, Apfelsinenscheiben, Mayonnaise mit Curry verrührt zum Garnieren;
3. Vollkornbrot buttern, mit Streichschmelzkäse bestreichen, Radieschenscheiben schuppenförmig darauf anordnen;
4. Weißbrot buttern, Krabben mit Mayonnaise verrührt darauf verteilen, mit Scheiben von gefüllten Oliven oder grünen Paprikastreifchen garnieren;
5. Weißbrot- oder Toastscheiben buttern, mit geräucherten Forellenfilets belegen, Scheiben von gefüllten Oliven und Tupfen von Remouladensoße als Garnitur;
6. Weißbrot buttern, Scheiben von Hühnerfleisch abwechselnd mit Spalten von Mandarinorangen auflegen, mit gehobelten Mandeln bestreuen;
7. Weißbrot buttern, mit Scheiben von kaltem Braten belegen,

mit Spargelköpfen, Eischeiben und Tomatenachteln verzieren, Tupfen von Sahnemeerrettich aufsetzen;

8. Weißbrot buttern, Scheiben von Pökelzunge auflegen, mit halben gedünsteten Champignons und Tomatenketchup garnieren;
9. Weißbrot buttern, mit Roastbeefscheiben belegen, ein Gitter aus Mayonnaise darauf spritzen, Perlzwiebeln und Pfeffergürkchen in die Karos legen;
10. Weiß- oder Graubrot buttern, mit Lachsscheiben belegen, Mayonnaisetupfen und halbierte gefüllte Oliven (oder Scheiben von hartgekochtem Ei) als Garnitur verwenden.

Sandwiches

Scheiben von Kastenweißbrot entrinden, mit Butter bestreichen, mit Füllung belegen, mit einer gebutterten Brotscheibe bedecken und übereck zerschneiden. Füllungsvorschläge siehe die Tabelle zu Canapés. Nach Belieben auch pikante Butter (Seite 181) zum Bestreichen verwenden. – Club-Sandwich: Salatblätter mit Mayonnaise bestreichen, Hühnerfleischscheiben, frisch angebratener Frühstücksspeck, Weißbrot.

Belegte Kräcker

Kleine Kräcker nach Belieben buttern, belegen und zu Bier oder Wein oder bei der Cocktailparty reichen.

Vorschläge:

1. Wurst oder Pastete, Gurkenscheibchen;
2. Fleischsalat, Pfeffergürkchen oder Paprikastreifchen;
3. Ölsardinen (Hauptgräte herausnehmen), Zitronenscheiben;
4. Krabben in Mayonnaise, gefüllte Olive;
5. gehackter Schnittlauch, Tomatenscheiben, Zwiebelringe;
6. Kaviar, Scheibchen von hartgekochtem Ei;
7. gewürfelter roher Schinken, kleine Schmelzkäsescheibe, Ananasecke oder Spargelspitzen;
8. Lachsscheiben, Zwiebelringe oder Scheibe von hartgekochtem Ei, Kaviar als Garnitur;

9. mit gehackten Kräutern gewürzter passierter Quark, Knusperflocken;
10. Käsescheibe auf Tomatenbutter.

Bunte Spießchen

Zutaten in mundgerechte Stücke schneiden, rollen oder falten, nach Belieben auf kleine, gebutterte Brotstückchen (Weißbrot, auch getoastet, Graubrot, Vollkornbrot oder Pumpernickel geben), auf Spießchen mit kleinen Widerhaken stecken, auf einer großen Platte anrichten.
Vorschläge:
1. Weißbrot, dicke Eischeibe, kleines Rollmöpschen, Perlzwiebel;
2. Pfeffergurke, Schnittkäsewürfel, Ananasecke, Olive;
3. Vollkornbrot, Kasseler Rippespeerwürfel, Kirsche;
4. kalte gebratene Leber oder Geflügelleber auf Apfelscheibe, Mandarinenspalte;
5. gekochter Schinken, Schnittkäsewürfel, Kirsche oder Ananasecke;
6. Pökelzunge, Aprikosenspalte, Kirsche;
7. Toast, Tomatenscheibe, Räucheraal;
8. Pumpernickel, Camembert, Radieschen;
9. Wurstrolle, Roquefort, Essiggurke;
10. Toast, Leberpastete, Weinbeere.

Fleisch- und Wursttüten

Scheiben von kaltem Braten, Schinken oder Wurst zu Tüten oder Rollen zusammendrehen und mit Creme oder Salat füllen, nach Belieben mit Spießen zusammenhalten.
Vorschläge:
1. Roastbeefscheiben, beliebiger Fleischsalat;
2. Kalbsbratenscheiben, Geflügelsalat oder feiner Gemüsesalat;
3. Lachsschinken, Spargelköpfe, mit Mayonnaise garniert;
4. Räucherlachs, mit geriebenem Meerrettich vermischte ungesüßte Schlagsahne;

5. Salamischeiben, mit Mayonnaise angemachter Eiersalat;
6. gekochter Schinken, Krebssalat;
7. Mortadella, mit Paprika gewürztes kaltes Rührei.

Weitere Füllungsmöglichkeiten siehe »Brotaufstrich einmal anders« (unten).

Pikante Butter

125 g Butter schaumig rühren, mit den feingehackten oder passierten Zutaten mischen, abkühlen lassen und zum Bestreichen von Broten (siehe Sandwiches, Canapés, Kräcker) verwenden.
Vorschläge:
1. Currybutter: 1 Eßlöffel Curry, Salz;
2. Senfbutter: 1 Eßlöffel Senf, 1 passiertes Eigelb;
3. Kräuterbutter: 1 gehäufter Eßlöffel gehackte Kräuter (oder Kräuterbuttergewürz);
5. Sardellenbutter: 2 Teelöffel Sardellenpaste;
6. Tomatenbutter: 2 Eßlöffel Tomatenmark, 1 kleine Zwiebel, Reibkäse, etwas Pfeffer.

Brotaufstrich einmal anders

Mischungen nach Vorschrift zubereiten, Weißbrot-Dreiecke (nach Belieben gebuttert) damit bestreichen oder Tüten aus Wurst, Fleisch- oder Schinkenrollen damit füllen.
Vorschläge:
1. gekochten Schinken und Geflügelfleisch zu gleichen Teilen durch den Wolf drehen, mit der halben Menge Butter verrühren, mit Salz und Paprika abschmecken;
2. gekochten Schinken und Geflügelfleisch zu gleichen Teilen durch den Wolf drehen, mit der halben Menge Mayonnaise und feingehackten Selleriescheiben nach Belieben verrühren;
3. passierten Camembert und Butter zu gleichen Teilen verrühren, mit Tabascosoße, Salz und Paprika abschmecken;

4. ungesüßte steife Schlagsahne mit der gleichen Gewichtsmenge Mayonnaise vermengen, geriebenen Meerrettich und Lachspaste oder feingehackten Räucherlachs hineinrühren.

Party-Dips

Käse mit Würz- und anderen Zutaten vermischen, etwas ziehen lassen, in Schälchen angerichtet mit Kräckern, Salzkeksen und -brezeln und Kartoffelchips reichen. Jeder Gast bedient sich selbst; er taucht einen Kräcker oder Keks in die Käsemasse und verspeist ihn »freihändig«. Teller werden dazu nicht gereicht, Papierservietten sind aber empfehlenswert.

Dip-Vorschläge:

1. Pfeffer-Dip: 2 Karos Doppelrahmfrischkäse mit 4 Eßlöffeln Milch, 1 Teelöffel Worcestersoße, 1 Prise Salz, 1 Teelöffel Curry, 2 Tropfen Tabascosoße und einer Prise Pfeffer cremig rühren.
2. Camembert-Dip: 2 Karos Doppelrahmfrischkäse, 3 Eßlöffel milder Weißwein (Rheingau bevorzugt), je 1 Prise Selleriesalz und Salz, 100 g reifer Camembert. Alles miteinander cremig rühren.
3. Mixed-Pickles-Dip: 2 Karos Doppelrahmfrischkäse, ein kleines Glas Mixed Pickles, 1 Messerspitze geriebene Zwiebel. Mixed Pickles fein schneiden oder hacken, Käse mit etwas Essigbrühe cremig rühren, Pickles hineingeben, mit Zwiebel würzen.
4. Meerrettich-Dip: 2 Karos Doppelrahmfrischkäse, 4 Eßlöffel Milch, 1 Eßlöffel geriebener Meerrettich, Salz, 1 Teelöffel Worcestersoße. Käse mit Milch cremig rühren, mit den anderen Zutaten würzen.

Unter den Augen der Gäste

Wer gern ißt, kocht auch gern – oder er sieht zumindest gern beim Kochen zu. Von dieser Erkenntnis geht die Schau- oder Spielküche aus, die sich in den letzten Jahren bei uns zahlreiche Freunde erobert hat. Unter den Augen der Gäste zu ko-

chen, hat den Reiz des Neuen. Noch besser, man läßt die Gäste nicht nur zuschauen, sondern mitwirken, wie es zum Beispiel bei der Fondue bourguignonne der Fall ist.
Wenn Sie so etwas noch nicht ausprobiert haben, sollten Sie getrost einen Versuch wagen. Es kann nicht viel schiefgehen dabei. Höchstens das Flambieren müssen Sie vorher ausprobieren. Man kann nur heiße Gerichte flambieren, und zwar ausschließlich mit hochprozentigen Spirituosen – etwa ab 38 Volumenprozent. Je höher der Alkoholgehalt, desto leichter gelingt das Flambieren. Am besten wärmt man den harten Tropfen in einer kleinen Schöpfkelle über dem Spiritusbrenner etwas an und gießt ihn über die Speise – entweder brennend oder nicht. Im zweiten Fall macht es etwas Mühe, die vergossene Spirituose in Brand zu bekommen. Schließlich soll das Gericht nicht nach Streichhölzern schmecken. Ausweg: einen Schuß des Likörs oder Schnapses in der Kelle am Spiritusbrenner entzünden, über die Speise gießen und damit den bereits ausgegossenen harten Tropfen entzünden. Man sollte nur mit Spirituosen flambieren, die einen ausgeprägten Eigengeschmack haben – er soll sich ja der Speise mitteilen, der Alkohol verbrennt ohnedies zum größten Teil. Klarer Korn oder Wodka sind deshalb ungeeignet.

Flambierte Aprikosen (10)
(375 Kalorien / 1570 Joule)

Gerät: Flambierpfanne, Rechaud mit Spiritusbrenner. *Zutaten: gedünstete Aprikosen (Dose), Weinbrand.*

Aprikosenhälften am Tisch in der Pfanne im Zuckersaft aus der Dose erhitzen, mit angewärmtem Weinbrand übergießen und anzünden. Auf Glastellern als Nachspeise reichen.
Abwandlung: Pfirsiche aus der Dose nehmen, statt mit Weinbrand mit einem hochprozentigen Likör flambieren.

Flambierte Bananen (10)

(165 Kalorien / 691 Joule)

Gerät: Flambierpfanne, Rechaud mit Spiritusbrenner. *Zutaten: Bananen, etwas Butter, eine Prise Paprika, Rum.*

Bananen in der Küche schälen und halbieren, mit Butter in die Flambierpfanne legen, am Tisch über dem Rechaud von beiden Seiten anbraten, leicht mit Paprika würzen. Rum in der Schöpfkelle anwärmen, über die Bananen gießen, brennend servieren.

Crêpes Suzette (20)

(438 Kalorien / 1833 Joule)

Gerät: Flambierpfanne aus Kupfer, Rechaud mit Spiritusbrenner. *Zutaten: hauchdünne Eierkuchen (Rezept Seite 73), 60 g Butter, 2 bis 3* ungespritzte *Apfelsinen, 10 Stückchen Würfelzucker, Kirschwasser, 1 bis 2 Eßlöffel gehobelte Mandeln.*

Eierkuchen in der Küche backen, geviertelt zusammenlegen und warm stellen. Butter in der Pfanne zergehen lassen. Apfelsinenschale an Würfelzucker abreiben, Zucker und Apfelsinensaft mit der Gabel unter die zerlassene Butter rühren, heiß werden lassen. Eierkuchen in die Pfanne legen, kurz durchziehen lassen, mit angewärmtem Kirschwasser begießen und anzünden. Mit den gehobelten Mandeln bestreut sofort servieren.

Würstchen vom Holzkohlengrill (20)

Gerät: Gartengrill, Wendezange oder grobe Gabel. *Zutaten: Schweinswürstchen, Knackwürste, Weißwürste oder andere grillfähige Würstchen; Senf oder pikante Grillsoße (Seite 189).*

Grill anheizen, Würstchen mit heißem Wasser überbrühen, auf dem Rost knusprig grillen. Feuer mit Wasser bespritzen, wenn es zu heiß wird oder die Flamme durch das herabtropfende Fett zum Hochschlagen angeregt wird. Ebenso: Spießchen, Steak oder Geflügel vom Holzkohlengrill. Süßwasserfische und Seefischfilet lassen sch ebenfalls grillen, verbrennen aber leicht. Es ist besser, sie gewürzt und gesäuert in Aluminiumfolie eingeschlagen auf dem Grillrost zu garen.

Schaschlik (Grillspießchen) (20)

(571 Kalorien / 2390 Joule)

Gerät: Grill, am besten Tischgrill. *Zutaten: Rindfleischwürfel aus der Lende, Räucherspeck, Paprikaschoten, kleine gebrühte Zwiebeln; Marinade aus 4 Eßlöffeln Öl, 2 Eßlöffeln Zitronensaft, 1 zerdrückten Knoblauchzehe, Chilisoße, Salz und Pfeffer.*

Fleischwürfel in der Marinade ziehen lassen, herausnehmen, nach dem Abtropfen abwechselnd mit Speck, Paprikastückchen und Zwiebeln auf Spieße stecken. Im Drehgrill oder auf dem Grillrost (in diesem Fall regelmäßig wenden) gar grillen, hin und wieder mit Marinade bepinseln. Auf Weißbrot oder Reis anrichten. Nach Belieben die fertigen Spießchen mit angewärmtem Rum begießen und anzünden, brennend servieren.

Leberschaschlik mit Champignons (20)

(430 Kalorien / 1800 Joule)

250 Kalbs- oder Schweineleber, 200 g große Champignons, 3 Scheiben Weißbrot, etwas Olivenöl, Pfeffer, feines Salz.

Leber vorbereiten und in talergroße zentimeterdicke Scheiben schneiden, abwechselnd mit geputzten Champignons und kleinen Weißbrotscheiben auf Spieße stecken, mit Öl beträufeln und im Backofen oder Grill von allen Seiten bräunen und garen. Kurz vor dem Anrichten mit Pfeffer und Salz würzen. Zu Reis, Kartoffelbrei oder Weißbrot reichen. Nach Belieben mit angewärmtem Weinbrand oder Kirschwasser begießen und anzünden.

Feuerzangenbowle (20)
(987 Kalorien / 4132 Joule)

Gerät: Kupferkessel, Rechaud mit Spiritusbrenner, Feuerzange (liegt der Packung bei). *Zutaten: 2 bis 3 Flaschen trockener Rotwein, $^{1}/_{2}$ l Rum, 1 kleiner Zuckerhut, 4 Nelken, ein Stückchen Zimt, etwas Apfelsinenschale, nach Belieben Saft von 2 bis 3 Apfelsinen.*

Rotwein (nach Belieben mit Apfelsinensaft) im Kessel heiß werden, aber nicht kochen lassen, dabei in ein Mullsäckchen gebundene Gewürze hineinhängen. Feuerzange auflegen, den Zuckerhut daraufgeben, mit Rum tränken und anzünden. Rum nachschöpfen, bis der ganze Zucker brennend in den Wein getropft ist. Gewürze herausnehmen, die heiße Bowle in Gläsern servieren.

Neuenburger Fondue (20)
(1196 Kalorien / 5006 Joule)

Gerät: Fondue-Stieltopf (Caquelon) aus Steingut, Rechaud mit Spiritusbrenner, pro Gast eine Fonduegabel. *Zutaten: Knoblauch, je 300 g Emmentaler und Greyerzer Käse, $^{1}/_{2}$ Glas Neuenburger (oder ein anderer trockener) Weißwein, 1 Gläschen Kirschwasser, 15 g Speisestärke, Salz, Pfeffer, Muskatnuß, Weißbrotwürfel.*

Fonduetopf mit Knoblauch ausreiben, Käse hobeln (nicht reiben) und mit Weißwein bei mittlerer Hitze unter ständigem Rühren zu glatter Creme verkochen. Wenn die Masse aufsteigt, mit Kirschwasser angerührte Speisestärke dazugeben, nach Belieben mit Salz, Pfeffer und Muskatnuß würzen. Auf dem Rechaud zu Tisch geben. Jeder Gast spießt sich Weißbrotwürfel auf die Gabel, taucht sie in die Käsemasse und verzehrt sie heiß zu einem Glas Wein oder einer Tasse Tee. Wer seinen Brotwürfel im Käse verliert, zahlt eine Runde Kirschwasser.

Abwandlungen:

1. grob geschnittene gedünstete Champignons in die heiße Käsemasse geben;
2. 150 g in feine Würfel geschnittenen Schinken mit der Käsemasse verühren;
3. Käse am Tisch stark kochen lassen, 1 bis 2 Gläschen Kirschwasser in der Schöpfkelle anwärmen, anzünden und über die Käsemasse gießen.

Raclette (20)

Gerät: Elektro- oder Holzkohlengrill. *Zutaten: Tilsiter oder Gomser Käse im Stück, Pellkartoffeln, Gewürzgurken, Mixed Pickles.*

Käsestück unter dem Elektrogrill oder am Holzkohlengrill an der Oberfläche schmelzen lassen, den heißen geschmolzenen Käse auf Teller abstreichen und zu Pellkartoffeln, Gurken und Mixed Pickles reichen. Raclette ist ein Nationalgericht des Schweizer Kantons Wallis, dort zubereitet am holzkohlenbetriebenen Racletteofen.

Fondue bourguignonne (Fleischfondue) (20)

(375 Kalorien / 1570 Joule)

Gerät: Fonduepfanne aus Kupfer, Rechaud mit Spiritusbrenner, pro Gast eine Fonduegabel oder mehrere dünne Fonduespießchen aus Holz. *Zutaten: pro Person 125 bis 175 g Rinderfilet in Würfeln, Backfett oder -öl, pikante Grillsoßen (Seite 189), Mixed Pickles, Gewürzgurken, gefüllte Oliven, Preiselbeergelee, Mango Chutney, Kräuterbutter (Seite 181).*

Rohes Fleisch in Portionsschüsselchen anrichten. Fett oder Öl in der Kupferpfanne erhitzen, auftragen und über dem Rechaud heiß halten. Jeder Gast spießt sich mit der Gabel oder dem Holzspießchen ein Stück Fleisch auf und taucht es in das siedende Fett, bis es mehr oder weniger stark durchgebraten ist. Während das erste Stück mit pikanter Soße und würzigen Beigaben verzehrt wird, gart an der Fonduegabel schon das nächste Würfelchen. Als Getränke passen Bier oder Wein dazu, zwischendurch auch ein Glas Kirschwasser.

Sukiyaki (Japanische Fondue) (30)

Ca. 3 l pikant gewürzte Rindfleischbrühe; Lauchstreifen, Blumenkohlröschen, Chicoréestreifen, dünne Kohlrabischeiben, Zwiebel- und Paprikaringe, hauchdünne Scheibchen von rohem Rind- oder Kalbfleisch und Fischfilet; pikante Beigaben wie Mixed Pickles, Sambals, Mango- und Tomaten-Chutney, Silberzwiebeln, Tomatenketchup, Sojasoße, Tabascosoße, Worcestersoße, Curry, Paprika.

Brühe im Topf oder Kessel kochend heiß auftragen, über dem Rechaud warm halten. Gemüse, Fleisch und Fisch auf Tellern und Platten anrichten. Hausherr oder Hausfrau geben die Zutaten in kleineren Portionen in die kochende Brühe und bedienen die Gäste mit gegartem Essen. Jeder Gast nimmt sich selbst, was ihm an würzigen Beigaben zusagt. Gegessen wird mit Eßstäbchen. Nach Belieben Weißbrot reichen.

Flambierter Rehrücken (60)

(471 Kalorien / 1972 Joule)

1 Rehrücken, Bratfett, $^{1}/_{4}$ l Brühe, $^{1}/_{8}$ l saure Sahne, 1 Eßlöffel Mehl, etwas Kartoffelpüree (Rest), 5 Scheiben Mortadella, Weinbrand.

Rehrücken im Bratofen unter fleißigem Beschöpfen mit dem Bratfett in etwa 40 Minuten saftig-rosig durchbraten. Fond mit Brühe durchkochen, Mehl mit Sahne verrühren. Rehrücken aus der Bratenpfanne nehmen. Soße mit Sahne und Mehl verrühren, 10 Minuten kochen und abschmecken. Rückenfilet vom Rehrücken ablösen, in schräge Scheiben schneiden und wieder auf das Knochengerüst legen, auf einer vorgewärmten Platte anrichten. Heißes Kartoffelpüree in fünf bis sechs Ringen auf den Rehrücken spritzen. Wurstscheiben kurz von einer Seite anbraten, damit sie sich schalenförmig verziehen. Die Schälchen auf die Püreenester drücken, am Tisch mit vorgewärmtem Weinbrand füllen, anzünden. Dazu Kartoffelkroketten, feine Gemüse, die Soße und Johannisbeergelee reichen.

Pikante Grillsoßen

Gegrilltes Fleisch ist safthaltiger als gebratenes Fleisch, es muß deshalb kräftiger gewürzt werden, wenn es nicht fade schmecken soll. Folgende pikante Soßen passen zu gegrilltem Schlachtfleisch und zur Fondue bourguignonne (Seite 187):

1. Currymayonnaise: 125 g Mayonnaise mit je 1 Teelöffel Curry und Johannisbeergelee, 2 Teelöffel Dosenmilch, 1 Spritzer Zitronensaft und 1 Prise Zucker verrühren.
2. Tomatenmayonnaise (Sauce Tyrolienne): 125 g Mayonnaise mit 2 Eßlöffel Tomatenmark, 1 Eßlöffel gehackter Petersilie und etwas Pfeffer verrühren.
3. Dillmayonnaise: 125 g Mayonnaise mit 2 Teelöffel feingehacktem Dill, 1 Teelöffel Zucker, 2 Teelöffeln saurer Sahne und etwas Salz verrühren.
4. Meerrettichmayonnaise: 125 g Mayonnaise mit 2 bis 3 Teelöffeln geriebenem Meerrettich, etwas Zucker und 1 Eßlöffel saurer Sahne verrühren.
5. Sauce Vinaigrette: 4 Kapern, 5 Eßlöffel gehackte Kräuter, 1 kleine Zwiebel, 2 Essiggürkchen und 2 hartgekochte Eier fein hacken oder wiegen, mit $^{1}/_{8}$ l Salatöl und 3 Eßlöffel Essig verrühren, ziehen lassen, mit Salz und Pfeffer abschmecken.
6. Sahnemeerrettich: $^{1}/_{8}$ l ungesüßte Sahne steif schlagen, mit 1 Eßlöffel geriebenem Meerrettich verrühren, mit etwas Salz, Zucker und Zitronensaft abschmecken.

Die angegebenen Mengen können bei geringerem Bedarf ohne weiteres halbiert oder gedrittelt werden.

Getränke – heiß und kalt

Kaffee und Tee können Sie natürlich perfekt kochen, Kakao macht sowieso keine Schwierigkeit, seit er hauptsächlich in kalt und warm löslicher Form angeboten wird – aber wie ist es mit einer Portion Hoppelpoppel, mit einem Seelentröster oder Pharisäer? Und sicherlich werden Sie an einem heißen Sommertag auch einmal Appetit auf einen herrlichen Eiskaffee oder ein leckeres Milchmischgetränk verspüren! Die wichtigsten heißen und kalten Standardgetränke sind auf den folgenden Seiten verzeichnet.

Milchkaffee (Kaffee verkehrt)

(80 Kalorien / 335 Joule)

Kaffee und heiße Milch zu gleichen Teilen in der Tasse mischen, nach Belieben zuckern.

Mokka gefiltert

Kaffeekanne mit heißem Wasser ausspülen und in ein heißes Wasserbad stellen, Filtertrichter mit Filterpapier aufsetzen, mit nicht zu fein gemahlenem, gutem Kaffee (100 bis 120 g pro 1 l Wasser, für normalen Kaffee die Hälfte) füllen, nach und nach sprudelnd kochendes Wasser aufgießen und durchlaufen lassen. Dazu Sahne und Zucker.

Pharisäer

(268 Kalorien / 1122 Joule)

Eine Tasse starken Kaffee mit einem Schuß Rum vermischen, reichlich süßen und eine Schlagsahnehaube aufsetzen.

Café Brulot
(246 Kalorien / 1030 Joule)

Einen Fingerbreit Weinbrand mit Würfelzucker in einer angewärmten Tasse anzünden, mit heißem Kaffee löschen, Schlagsahnehaube darauf.

Eiskaffee
(182 Kalorien / 762 Joule)

2 Eßlöffel Vanilleeis in einem Glas mit eiskaltem starkem Kaffee übergießen, mit Schlagsahne und Eiswaffeln garniert reichen.

Teeflip
(150 Kalorien / 628 Joule)

$^{1}/_{4}$ l Milch mit 1 Eßlöffel Zucker aufkochen, über 1 Teelöffel Teeblätter gießen, 5 Minuten ziehen lassen, abseihen und mit einem gut verquirlten Eigelb verrühren. Im Punschglas servieren.

Geplauder
(65 Kalorien / 272 Joule)

$^{2}/_{3}$ heißen Tee im angewärmten Glas mit $^{1}/_{3}$ Rotwein mischen nach Belieben zuckern.

Eistee
(79 Kalorien / 331 Joule)

Pro Portion 2 Teelöffel Teeblätter überbrühen, abkühlen lassen, über Eiswürfel in ein Glas gießen, mit Zucker, Zitronensaft und etwas Ingwer (nach Belieben) abschmecken.

Mate-Tee

Pro Tasse 1 gehäuften Teelöffel grünen oder 1 gestrichenen Teelöffel gerösteten Mate in einer vorgewärmten Kanne mit sprudelnd kochendem Wasser übergießen, 5 Minuten ziehen lassen, in eine zweite vorgewärmte Kanne abgießen, nach Belieben mit Zucker, Milch, Zitronensaft oder Rum servieren.

Mandelkakao

(260 Kalorien / 1088 Joule)

40 g süße und 2 bittere Mandeln überbrühen, abziehen und fein reiben, mit 1 l Milch aufkochen, vom Feuer nehmen und 30 Minuten ziehen lassen, dann abseihen. 40 g Kakao mit 2 Eßlöffeln Zucker trocken verrühren, mit 3 Eßlöffeln Wasser glattrühren, unter kräftigem Schlagen mit dem Schneebesen mit der erhitzten Mandelmilch vermischen, kurz aufkochen.

Glühwein

(175 Kalorien / 733 Joule)

60 g Zucker, $^{1}/_{4}$ Stange Zimt, 3 Nelken, Schale einer halben Zitrone, etwas Wasser oder Tee, 1 Flasche Rotwein.

Zucker und Gewürze mit Wasser oder Tee aufkochen, 30 Minuten ziehen lassen, abseihen, mit dem bis kurz vor den Siedepunkt erhitzten Wein vermischen, nach Belieben mit Zitronensaft abschmecken.

Negus

(123 Kalorien / 515 Joule)

$^{1}/_{2}$ Flasche Portwein, $^{3}/_{8}$ l Wasser, abgeriebene Zitronenschale, geriebene Muskatnuß.

Wasser und Wein mischen, bis kurz vor dem Siedepunkt erhitzen, mit Zitronenschale und Muskat würzen.

Rumpunsch
(426 Kalorien / 1783 Joule)

$^{3}/_{8}$ l Jamaica-Rum, 80 g Zucker, 4 Stückchen Würfelzucker, 1 ungespritzte Zitrone, 1 l Wasser.

Zitronenschale an Würfelzucker abreiben, mit dem übrigen Zucker, dem Wasser und Zitronensaft kurz aufkochen, den Rum hineingeben und das Getränk bis zur Trinkfähigkeit erhitzen. Nach Belieben anstatt Wasser starken Tee verwenden.

Weißwein-Teepunsch
(332 Kalorien / 1390 Joule)

$^{3}/_{4}$ l Weißwein, $^{3}/_{8}$ l starker heißer Tee, $^{1}/_{8}$ l Arrak, 125 g Zucker, abgeriebene Schale einer Zitrone.

Zucker in heißem Tee auflösen, die übrigen Zutaten zufügen und bis zum Siedepunkt erhitzen.

Grog
(218 Kalorien / 913 Joule)

Pro Portion 4 Stück Würfelzucker ins Glas geben, heißes Wasser zugießen und den Zucker auflösen. Auf 3 Teile Wasser etwa 1 Teil Rum, Arrak oder Weinbrand zugießen, nach Belieben eine Zitronenscheibe oder etwas Zitronenschale hineingeben.

Hoppelpoppel
(734 Kalorien / 3073 Joule)

$^{1}/_{2}$ l Sahne, $^{1}/_{2}$ l starker heißer Tee, 50 g Zucker, 4 Eigelb, $^{3}/_{8}$ l Arrak.

Sahne und Tee vermischen und erhitzen, Zucker darin auflösen, Eigelb mit Arrak verrühren, unter ständigem Schlagen mit der Sahnemischung verrühren, Topf dabei ins heiße Wasserbad stellen oder nur schwache Kochhitze einstellen.

Seelentröster
(291 Kalorien / 1218 Joule)

Pro Portion 2 Teelöffel Honig in knapp 1 Tasse heißer Milch auflösen, je 1 Likörglas Rum und Weinbrand dazugeben, heiß werden lassen.

Fahrercocktail
(60 Kalorien / 251 Joule)

Pro Portion 1 Glas Apfelsaft mit Eiswürfeln, 1 Eßlöffel Zitronensirup und 3 Spritzer Angostura verrühren, mit Zitronenscheibe servieren.

Vitaminjäger
(43 Kalorien / 180 Joule)

Pro Portion 1/2 Glas schwarzer Johannisbeersaft mit 2 Eßlöffel Zitronensaft und Zuckerlösung nach Geschmack kräftig verquirlen, in ein Glas geben und mit Sodawasser oder Sprudel auffüllen.

Amore
(173 Kalorien / 724 Joule)

1 Gläschen Weinbrand, 1 Gläschen Schokoladenlikör und 1 Eßlöffel gestoßenes Eis kräftig schütteln, in ein Glas geben und mit einem dicken Schlagsahnetupfen servieren.

Eskimo
(317 Kalorien / 1327 Joule)

1/8 l Milch und 1/8 l Sahne mit 1 Eigelb, Vanillezucker und abgeriebener Zitronenschale schaumig schlagen, mit 1 Schuß Weinbrand verfeinern, nach Belieben über Eiswürfeln servieren.

Apfelsinenjoghurt
(178 Kalorien / 745 Joule)

1 gekühlte Flasche Joghurt mit dem Saft einer Apfelsine und 2 Teelöffel Zitronensaft verquirlen, nach Geschmack süßen und sofort servieren.

Schokomilch
(401 Kalorien / 1679 Joule)

1 rohes Ei mit 25 g Zucker, 1 Teelöffel kaltlöslichem Kakao und 2 Likörgläsern Weinbrand schaumig schlagen, 1/4 l kalte Milch auffüllen.

Zitronenschaum
(282 Kalorien / 1180 Joule)

1 Eiweiß mit 25 g Zucker steif schlagen, den Saft einer Zitrone und 1/4 l Milch dazugeben, vorsichtig verrühren und mit Zitronenspirale servieren.

Erdbeermost
(196 Kalorien / 820 Joule)

Pro Person 125 g Erdbeeren einzuckern, ziehen lassen und vor dem Anrichten mit Apfelmost und Sodawasser auffüllen.

Fruchtmilch
(403 Kalorien / 1687 Joule)

Knapp $^1/_4$ l Milch mit 2 bis 3 Eßlöffel Sahne und $^1/_2$ l Fruchtpüree (im Mixer zubereiten oder Früchte passieren), abgeriebener Zitronenschale und Zucker nach Geschmack schaumig schlagen, nach Belieben über Eiswürfel gießen, mit Strohhalm servieren. *Abwandlung:* An Stelle von frischem Fruchtpüree beliebigen Fruchtsirup oder auch Fruchtmark verwenden.

Schaumweinbowle (Sektbowle)
(409 Kalorien / 1712 Joule)

Sehr dünn geschälte Apfelsinen- und Zitronenschale sowie Ananas- und Pfirsichstücke mit 1 bis 2 Glas Weinbrand übergießen, zugedeckt $^1/_2$ Stunde ziehen lassen, 2 Flaschen gekühlten Schaumwein (Sekt, Champagner) auffüllen.

Apfelsinenbowle
(539 Kalorien / 2256 Joule)

4 bis 6 Apfelsinen, 8 Stückchen Würfelzucker, 30 g Zucker, 2 Flaschen Weißwein, 1 Flasche Sekt.

Schale der Apfelsinen auf Würzelzucker abreiben, die Apfelsinen schälen, entkernen und in kleine Stücke schneiden, mit 30 g Zucker $^1/_2$ Stunde ziehen lassen. Die Zuckerstückchen in wenig Wasser auflösen, über die Apfelsinenstückchen gießen. Wein und Sekt auffüllen, kalt servieren.

Erdbeerbowle
(469 Kalorien / 1963 Joule)

500 g Erdbeeren, $^1/_2$ Flasche süßer, naturreiner Traubensaft, 1 bis 2 Flaschen Weißwein, 1 Flasche Sekt.

Erdbeeren mit 1/2 Flasche Weißwein ansetzen, große Früchte einmal durchschneiden, 1 Stunde ziehen lassen, restlichen Wein und Sekt auffüllen, mit Traubensaft süßen.

Ananasbowle

(497 Kalorien / 2080 Joule)

250 g frische Ananas, 2 Flaschen Weißwein, 1 Flasche Sekt, 50 bis 75 g Zucker.

Ananas schälen, würfeln und mit 2 Glas Weißwein ungezuckert ansetzen. Zucker mit wenig Wasser aufkochen, bis er sich löst, und abkühlen lassen. Vor dem Anrichten Wein und gekühlten Sekt über die Ananaswürfel gießen, mit Zuckerlösung abschmecken. (Bei der Verwendung von Dosenananas soviel Saft zugeben, daß die Bowle süß genug ist.)

Kalte Ente

(459 Kalorien / 1921 Joule)

1 Flasche Weißwein, 1/2 Flasche Sekt, 1 Zitrone, 25 g Zucker.

Gekühlten Wein in eine Glaskanne gießen, spiralförmig abgeschnittene Zitronenschale hineinhängen, 30 Minuten ziehen lassen. Kurz vor dem Anrichten aufgelösten Zucker und Sekt hinzufügen, nach Belieben Zitronensaft hineingeben.

Tabellen für die Schnellküche

Warum sollten Tabellen nur im Berufsleben wichtig sein? Gerade in der »zeit«-losen Küche müssen sie eine Rolle spielen, denn wer weiß schon auf Anhieb, wieviel Gramm Zucker ein Eßlöffel aufnimmt oder wie lange ein Huhn gekocht werden muß, damit es gar ist. Oder angenommen, Sie erwarten Gäste und wissen nicht, welche Mengen Sie pro Person vorbereiten müssen. Dazu ist auch eine Tabelle da. Sie möchten unter gar keinen Umständen dicker werden? Ein Blick auf die Kalorientabelle genügt, um Ihnen darüber Auskunft zu geben, was und wieviel Sie essen sollen und dürfen.

Nährwert- und Kalorientabelle

(Auszug aus der »Kleinen Nährwerttabelle« der Deutschen Gesellschaft für Ernährung, erschienen im Umschau-Verlag, Frankfurt a. M.)

Der genießbare Teil von 100 g eingekaufter Ware enthält:

Nahrungsmittel	Eiweiß g	Fett g	Kohlenhydrate g	Kalorien kcal
Rindfleisch, mittelfett	20	12	—	194
Schweinefleisch, mittelfett	18	21	—	269
Schweinefleisch, fett	15	29	—	331
Speck, fett	2	90	—	845
Kalbfleisch, i. D.	19	9	—	162
Leber (Kalb)	20	4	3	132
Hering, Filet	18	18	—	241
Salzhering	14	11	1	164
Kabeljau, Filet	17	—	—	70
Bückling, geräuchert	14	10	—	150
Hühnerei, Stück ca. 57 g	7	6	—	85
Vollmilch	3,3	3	5	62
Buttermilch	4	1	4	42
Kondensmilch (10 % Fettgehalt)	9	10	13	183

Nahrungsmittel	Eiweiß g	Fett g	Kohlen-hydrate g	Kalo-rien kcal
Butter	1	80	1	752
Hartkäse, 45$^{0}/_{0}$ i.T.	32	30	2	418
Camembert	20	25	—	315
Magermilchquark, frisch	17	1	4	95
Pflanzliche Fette und Öle	—	100	—	930
Reis, poliert oder glasiert	7	1	79	362
Nudeln, Makkaroni o. ä.	10	1	76	362
Weizenmehl, Type 550	10	1	73	350
Roggenmehl, Type 1150	8	1	74	346
Mischbrot (Roggen-Weizen)	7	1	52	251
Weizenbrot, Brötchen	9	1	58	284
Kartoffeln, ohne Schale	2	—	20	90
Zucker	—	—	100	410
Schokolade, i. D.	7	26	62	525
Bonbons, i. D.	1	—	94	390
Marmelade, i. D.	0,7	—	65	269
Gemüse, frisch, i. D.	1,3	—	4	25
Obst, frisch,, i. D	0,6	—	12	55

i. D. = im Durchschnitt; i. T. = in der Trockensubstanz

Arbeitsleistung und Nahrungsbedarf

Nach den Empfehlungen des Ausschusses für Nahrungsbedarf der Deutschen Gesellschaft für Ernährung beträgt die wünschenswerte und dem Körper dienliche Höhe der Nahrungszufuhr bei einigen »Durchschnittsgruppen«:

	Kalorien pro Tag
Kinder bis zu 3 Monaten	120 je kg Körpergewicht
Kinder, 10–12 Monate	85 je kg Körpergewicht
Kinder, 7–9 Jahre	65 je kg Körpergewicht
Kinder, 10–14 Jahre	50 bis 60 je kg Körpergewicht
Jungen, 15–18 Jahre	2800
Mädchen, 15–18 Jahre	2400

Ohne körperliche Arbeit:

Männer, 25 Jahre	2550
Männer, 45 Jahre	2400
Männer, 65 Jahre	2250
Frauen, 25 Jahre	2200
Frauen, 45 Jahre	2100
Frauen, 65 Jahre	2000

Mittelschwere körperliche Arbeit:

Männer	2400 + 75 bis 150 je Stunde
Frauen	2200 + 60 bis 120 je Stunde

Schwerstarbeiter	2400 + 225 je Stunde und mehr

Küchenmaße und -gewichte

1 gestrichener Teelöffel (ca. 5 ccm):

Zimt	2 g	Backpulver	3 g
Paprika	2 g	Zucker	4 g
Speisestärke	3 g	Salz	5 g

1 gestrichener Eßlöffel (Inhalt ca. 15 ccm):

Haferflocken	8 g	Graupen, Grütze	12 g
Speisestärke	9 g	Zucker, Grieß	12 g
Mehl, Semmelmehl	10 g	Salz, Reis	15 g

1 Tasse (Inhalt ca. 120 ccm):

Haferflocken	64 g	Zucker	96 g
Mehl	80 g	Graupen	96 g
Grieß	96 g	Reis	120 g

Flüssigkeitsmaße (Wasser, Milch, Suppe, Öl):

$^1/_4$ l = 1 Suppenteller, -tasse
$^1/_8$ l = 8 Eßlöffel = 1 Normaltasse
$^1/_{10}$ l = knapp 6 Eßlöffel
1 Eßlöffel = 3 Teelöffel = 15 ccm
$^1/_{16}$ l = 4 Eßlöffel
1 Teelöffel = 5 ccm

Zeitbedarf in der Küche (ungefähre Garzeiten)

Backen	*Minuten*	*Braten*	*Minuten*
hohes Gebäck	60–80	Gans, Ente	90–150
halbhohes Gebäck	40–50	Schweinebraten	60–120
geformtes Gebäck	40–50	Wild, Kalbsbraten	40–70
flache Kuchen	25–35	Aufläufe	30–90
Windbeutel	20–30	Roastbeef, Filet	30–60
Honigkuchen	20–25	Hähnchen	20–40
Blätterteig	15–20	Fisch in Stücken	10–25
Kleingebäck	12–15	gekochte Kartoffeln	10–15

Kochen	*Minuten*	*Grillen*	*Minuten*
Ochsenzunge	150–240	Hähnchen	25–40
Ochsenfleisch	80–120	Filetbraten	20–30
Huhn	60–100	Taube	15–20
Trockenerbsen	50–80	Schweinefilet	10–15
Rote Rüben	40–60	Kalbsherz	12–15
Schellfisch	15–25	Deutsches Beefsteak	10–12
Kartoffeln, Reis	18–30	Schaschlik	8–10
Karotten	15–25	Fischfilet	8–10

Mengenbedarf pro Person

Suppe als Vorgericht	1/4 l	Kartoffeln oder Gemüse zur Suppe	125 g
Suppe als Hauptgericht	1/2 l	Frischgemüse als Beilage	200–250 g
Fisch als Vorgericht	100–150 g	Teigwaren als Hauptgericht	100–125 g
Fischfilet als Hauptgericht	200 g	Teigwaren zur Suppe	25 g
Fleisch zum Braten	100–125 g	Reis als Beilage	60–80 g
Fleisch zum Ragout, Rouladen	150–200 g	Reis als Hauptgericht	80–100 g
Hackfleisch	80–100 g	Obst zu Kompott	200-250 g
Soße als Beilage	1/10–1/8 l	Dörrobst	60–80 g
Soße für Soßengericht	3/8–1/4 l		
Kartoffeln als Beilage	250 g		

Sachregister

Verzeichnis der Rezepte

KOCHBUCH

In der Taschenbuchreihe KOCHBUCH
sind bisher erschienen:

Nr. 10 017 *Otto A. Fischer*
Besser essen, länger leben!

Nr. 62 002 *Lilo Aureden*
Das schmeckt so gut

Nr. 62 003 *Raymond Oliver*
Saucen krönen die Kochkunst

Nr. 62 004 *Friederun Köhnen*
Schulkochbuch

Nr. 62 005 *Toussie Salomonson*
Toussies Salatbuch

Nr. 62 006 *Klaus R. Herrmann*
Feine Küche ohne Fett

Nr. 62 007 *Toussie Salomonson*
Toussies Fonduebuch

Nr. 62 008 *Jonny Behm*
Sandwich, Toast und Brotgerichte

Nr. 62 009 *Toussie Salomonson*
Toussies Aufläufe und Ofengerichte

Nr. 62 010 *E. Meyer-Berkhout*
Kochbuch für Adam und Eva

Nr. 62 011 *Günther Meyer*
Liebeskräfte aus der Küche

Nr. 62 012 *Eva Exner*
Leckerbissen für sparsame Tage

Nr. 62 013 *Grete Willinsky*
Verlockende Vorspeisen

Nr. 62 014 *H. Karl Adam*
Die wohlerprobte Reisküche

Nr. 62 015 *Ursula Grüninger*
Sei dein eigener Konditor

Nr. 62 016 *Erika Casparek*
Schlemmen und doch schlank bleiben

Nr. 62 017 *Dorothea Kugelmeier*
Das große 1 x 1 der Tiefkühlkost, Band 1

Nr. 62 018 *Dorothea Kugelmeier*
Das große 1 x 1 der Tiefkühlkost, Band 2

Nr. 62 019 *Kleine / Blank*
Pilze – schmackhaft zubereitet

Nr. 62 020 *Roland Gööck*
Schnell gekocht in kleiner Küche

BASTEI
LÜBBE